.com世代的生活便利情報指南

北海道露營車之旅

爆肝護士・斑比・旅攝生活　著

北海道
露營情報

如何尋找
北海道營地

　　你是不是很想到北海道露營，但不知道如何找營地？我們這次開著露營車在北海道旅行了16天，出發前就先在網路上先訂好營地。在日本露營不像台灣這麼容易，因為大部分營地都不接受現場報名，必須事前預約。旺季可能會因為營地太熱門而沒位置，淡季則有可能因為人數太少、行政人員沒上班等等原因而沒有開放，所以，一定要先預訂營地。當然，如果你想睡休息站也是可以，但就無法充電了。以下是可以尋找營地的網站：

Hokkaido Camping & Driving
（北海道オートキャンプ場ネットワーク）

　　由NPO法人北海道autocamp協會所成立的網站，可以直接透過這個網站預約大部分的營地，而且都是露營車可以使用的露營場。

　　● 網址：www.auto-net.or.jp/

なっぷ

　　是日本最大的營地預訂網站，可以從這個網頁找到想去的地區所有的營地，而且是全日本都有的露營場，擔心選

擇太多還可以設條件縮小範圍，真的很方便。
- 網址：www.nap-camp.com/

　　找好營地不會日語要怎麼訂？如果有會日語的親朋好友不妨請他們幫忙，如果沒有的話又沒有網頁可以預訂怎麼辦呢？建議可以用傳真的方式或是寫email給日本當地營地，通常很快就會收到回信，用簡單漢字或是英文，在信件上註明入場、退場的日期和時間，露營人數、希望的營地條件（電源、水源等等）還有聯絡的信箱。日本營地不用事先付費，所以取消也一定要事前聯絡對方，不要爽約，讓日本人覺得我們是失格旅人。

露營車
資訊整理
Q & A

　　大家租借露營車除了擔心不知道好不好開以外，就是到底如何使用了，另外還有怎麼睡也是一個問題，以目前的旅行來說，只要身高不要太高（超過190公分）、身材太壯（七人旅行只能容許三個較壯的旅伴），基本上睡覺都是沒有問題的，當然五個人左右會更舒適。

▶ **如何計算租車費用？**
點入網址：www.goo.gl/AaB2P9，就可以看見，淡旺季價差約2~3倍左右。

▶ **租借露營車需要講日文嗎？**
租車人員與營地工作人員都會使用簡單的英文溝通，別忘了有翻譯軟體。

▶ **需要哪種駕照？**
一般自小客車五年以上的駕照及駕照日文譯本。

▶ **車內可以坐幾個人？**
一次可以搭載七人與讓七人睡覺的空間。

▶ **車上有什麼配備？**
冰箱、簡易馬桶、瓦斯爐、搭載wifi的iPad。

▶ 熄火之後還有暖氣嗎？

熄火不插外電的情況下，使用八小時暖氣約耗一公升的油，就算車子沒有發動一樣有暖氣系統。

▶ 如何取還車？

可以加價在新千歲機場（國際大樓一般車的停車處）或札幌飯店取車與還車。

▶ 冬天下雪需上雪鏈嗎？

日本的車子在10月底會全面更換為雪胎，不需上雪鏈。這裡我會建議冬天不要開，一是很冷，二是地面結冰容易出事。

▶ 車上有炊煮用具嗎？

車上配有一個卡式瓦斯爐及兩瓶瓦斯罐，另外，有茶壺但沒有鍋具，需自行攜帶或到超市購買，也可以跟租車公司租借。

▶ 車上能不能充電？

車上是有一個可以充電不需額外接電源的插座，但僅能充充手機，另外兩個插座需接上外接電源才能使用，若要長期使用電源的情況下，建議最好常常到露營場充電。

提供RV露營車的露營地會有電源可以使用，這時候可以拿出外接電源，接上營地專用的插座，三個插座可以把耗電的3C產品全都充飽，尤其是不會每天進露營場的時候。

冰箱也是吃車內的電源，熄火時依然有保冰的功能，但如果長時間不使用，最好關閉冰箱電源。

冰箱旁與客廳桌子下的插座都是當車子有接外接電源才能使用。

▶ 有導航系統與倒車攝影嗎？

前座有搭配導航與倒車攝影，另提供一個使用 google map導航用的 iPad。

▶ 駕駛時有什麼注意事項嗎？

前座就像開貨車一般，比一般的休旅車都要來得高，車子會顯得比較重，需要踩比較大力的油門，而車身長過彎需要放慢也要小心坑洞，否則坐在後頭的人會覺得像在坐雲霄飛車。

▶ 車上有娛樂設備嗎？

租車公司附有一個藍牙的喇叭，連接手機就可以播放音樂，當然也可以攜帶行動麥克風。在沒有電視的地方，就是一路與周邊親友互動的時刻了。

▶ 車內活動空間大嗎？

做為一個行動的吃喝玩樂總部，一定會具備變形金剛的功能，也就是擁有強大的收納空間，不過最多就是七人。露營車是一個善於利用空間的小型旅館，所以進門就要脫鞋，門上配有隔架可以置放拖鞋，入口也有鞋櫃。是的！有規定上車是不能穿鞋子的，畢竟是大家要吃喝睡的地方。客廳是吃飯也是睡覺的地方，如果早上小孩叫不醒，或者需要長時間拉車，就會收起桌子，讓小孩在這遊玩，玩累了倒頭就睡。將沙發往一旁的牆壁黏合就會變成沙發椅，把桌板拿起靠到一旁的橫桿上，一個吃飯與遊戲的桌子就完成了。這裡也是大人行進間的交流區，一旁的櫃子都可以用來儲存沿路購買的零食。所有的櫃子都有鎖扣包含冰箱，避免在行駛的過程中櫃子打開發生物品掉落的情形。

▶ 有暖氣與通風設備嗎？

廁所有排風扇，客廳也有抽風與冷風兩用風扇，周邊窗戶都可拉開使用，晚上睡覺時拉上遮光隔熱板，就能保溫。太熱或悶的話也可以開窗。客廳和廁所上頭有風扇，記得要將天窗打開通風，晚上氣溫較低，建議關閉風扇。

▶ 車上還有提供其他物品嗎？

租借露營車除了提供免費寢具以外，還有一些用品在櫥櫃裡頭，包含：工具箱，清潔擦拭液、除臭劑、棉布手套、毛巾、剪刀、手電筒、打掃用具、螺絲起子、手套、小塑膠提袋（垃圾袋）、貼在車頭提醒路上駕駛說「新手上路」的箭頭貼紙、毛巾、免洗餐具、衛生紙、夾鏈袋、束口夾、瓦斯罐、急救包、嘔吐袋、口罩、濕紙巾、塑膠袋、防蚊液、洗碗精、退熱貼、牙刷、礦泉水一瓶。另外，最貼心的一點就是在前座準備了滿滿的露營相關書籍！有各個道路休息站、日歸溫泉、露營場、北海道米其林餐點介紹，對於沒有做足功課的朋友來說，是最好的資訊來源。

▶ 車上有廁所嗎？

車上提供的是行動馬桶，租借時如果有需要必須另外付費。行動馬桶需要使用特殊藥劑，通常露營車供應商會裝好交車，但是如果排泄物滿了就必須自行處理，多數露營場都設有處理汙水口。

▶ 有排水口嗎？

洗水槽下有兩個20公升的水桶，在露營地提水後，就可以使用水槽來洗菜，廢水的排出孔在車後，直接拉出排放到水溝即可。排水口在車子後方，到有汙水排水口的營地，只要打開開關就可以排出廢水。

▶ 有行李置放空間嗎？

七人座的行李能帶七件嗎？答案是可以的，但是會放不下，後頭的大行李箱可以放置四件，剩餘空間可以放行李袋，暫時用不到或者包包、袋子等雜物，就先放到廁所吧！

出發前的準備清單

☑ 駕照日文譯本及駕照

☑ 租車預約單（自行列印）

☑ 護照

☑ 衣物（外套、內衣褲、換洗衣物、毛巾等等）

☑ 信用卡、日幣現金或提款卡

☑ 充電器

☑ 個人用品保養品

☑ 盥洗用具（有些溫泉沒有提供沐浴劑及洗髮精）

☑ 個人用藥、常備藥物

☑ 防曬用品

☑ 露營相關書籍

☑ 密封袋

☑ 多功能插頭

☑ 掛鉤、曬衣繩

☑ 上網分享器、sim卡

☑ 保溫瓶、水壺

☑ 拖鞋

☑ 吹風機

☑ 購物袋

☑ 湯鍋、平底鍋、碗、盤、餐具／菜刀、刨刀

☑ 帳篷（可帶可不帶）

☑ 折疊桌椅（可帶可不帶）

☑ 外出折疊式砧板

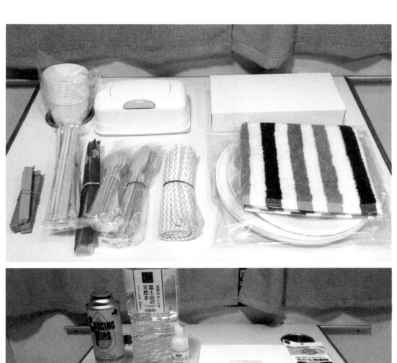

過路費收費方式、北海道ETC PASS介紹

在日本自駕時常見到IC與JCT，JCT為系統交流道（Junction），IC為交流道（Interchange）。北海道的高速道路分為道央自動車道（收費路段／士別劍淵-大沼公園）、旭川紋別自動車道（免費路段／比布JCT-遠輕瀨戶瀨）、札樽自動車道（收費路段／小樽IC-札幌JCT）、道東自動車道（收費與免費路段皆有／千歲惠庭JCT-阿寒IC、足寄IC）、帶廣廣尾自動車道（免費路段／帶広JCT-広尾IC）、日高自動車道（收費與免費路段皆有／苫小牧東IC-日高門別IC），這部分大約了解即可，因為在使用GPS或是Google Map查詢行程路線，皆會有經過的道路路段名稱。

收費方式除了依照路段外，會因車種有所不同，一共分為五類：輕、二輪車／普通車／中型車／大型車／特大車，同路段輕、二輪車收費方式較低，特大車較高。支付方式可以選擇人工付費（能選擇現金收費或是信用卡收費）與ETC支付，在高速道路上依照付費方式而開往「普通車道」（標示為一般）、「ETC車道」這兩個不同的收費口。ETC卡可與租車公司承租，到了返車日會依據紀錄來收取過路費費用。倘若行程中常常會使

用較多收費路段的交流道，可以於租車時出示護照跟租車公司人員表明租用「Hokkaido Expressway Pass」，全北海道的高速道路均可以使用，特別提供給赴日旅遊的外國觀光客，費用以天數計價，從兩天到十四天的方案皆有，比方說兩天時為3,600日圓，三天為5,100日圓，四天為6,200日圓，依照天數不同，價格也不同，僅能連續使用。租用Hokkaido Expressway Pass，在高速道路收費時是通行ETC收費車道。

● 高速道路路線圖與各路段收費價格查詢

www.driveplaza.com/dp/MapSearch

www.driveplaza.com/trip/drawari/hokkaido_expass/tw.html

露營地的
垃圾處理

　　日本大多數的露營地都有提供垃圾的處理，但是丟棄前需先將垃圾分類，分類項目分為可燃、不可燃、寶特瓶塑膠罐類、罐頭類這四大類，其中可燃的垃圾包括：蔬果魚肉等廚餘、堆肥、紙類、泡麵碗、衛生紙、塑膠製品（不是塑膠瓶罐）等。不可燃則包括：金屬、陶器這類的垃圾，露營地在辦理入場手續時會直接給一張垃圾分類表及透明塑膠袋，並且解釋垃圾分類方式和收集站的位置。

　　比較特別的就是喝完的牛奶紙盒，在日本會另外分類處理，洗乾淨後攤開來丟到大型超市出入口的回收桶裡。

　　有一些營地會收取額外的垃圾處理費，少數營地則是會請你把不可燃的垃圾帶走，遇到垃圾不協助處理的營地，如果不會發臭占空間建議可以先包起來留到下一個營地。回收的瓶罐小垃圾在道路休息站處理掉。有些網路資料建議可以購買當地的專用垃圾袋，然後丟在指定地點，這點比較不建議，因為各地的垃圾袋顏色不同，而且一包好幾個，不適合持續移動位置的露營車，加上還要尋找垃圾專門的棄置地點也太費神。

露營地
可以施放煙火嗎？

　　日本營地可不可以施放煙火，一般在網站或預訂時就會告知，大部分的營地只要不是草地，幾乎都可以施放手持式的煙火像是仙女棒之類的，其他像是沖天炮、會發出巨大聲響的煙火需要事先詢問工作人員，避免造成困擾。施放地點和時間也是要注意的地方，日本人施放仙女棒前會準備一桶水，施放完就放到水裡降溫，一方面是安全起見，事後處理也較不會弄髒營地。

北海道
露營車之旅

第一餐
就吃迴轉壽司吧！

　　搭乘四小時飛機抵達了北海道，出關後先在約定好的地點向租車業者領完露營車後，就準備出發覓食去了。至於要吃什麼？大家紛紛把手機拿出來搜尋，就在地圖縮放之間，發現了前方不遠處有間連鎖經營的魚べい 回転寿司的迴轉壽司店，在一群人初見面第一天還搞不清楚彼此的喜好時，就選個比較多樣化的餐廳吧！

平價迴轉壽司店 ————————
魚べい 回転寿司

　　這家位在機場附近的店，隸屬於元氣壽司集團旗下，停車位超大，對於第一天開露營車的旅人來說很友善。還好運氣還不錯，店內的空位滿多的，有單人座，也有適合一家人的沙發，很妙的就是迴轉台上沒有任何的壽司在跑！！只有滿滿的壽司照片還有一台點餐的電腦，雖然有提供中文的介面，但……按個兩下又會回到日文配圖的模式了。

　　我們簡單選了幾種常見的握壽司種類，像是蝦、海膽、牛肉、鮪魚、炙燒系列等等，另外還有炸雞、烏龍麵、味噌湯等多樣化的選擇，26樣餐點花了¥4703，這樣的價格應該算平價吧！中間還有不少高價的握壽司與其他餐點，下次大家有機會前來，除了海膽要慎重考慮以外，其他的不會走鐘得太嚴重，可以列入考量。

| **魚べい 回転寿司**
地址：〒066-003 北海道千歲市新富3-10-7
電話：0123-42-8181
營業時間：11:00～23:00

道の駅 自然体感しむかっぷ

　　從壽司店離開後，一行人繼續在黑夜中行駛，準備開到夕張與帶廣中間的休息站。車外氣溫只有六度，我們在便利商店買了酒水，在一片漆黑的停車場選了靠廁所近的位置，進行第一天的露營車party time。五大二小出遊是難得的體驗，但小孩們一路上根本吵翻天了，決定第一晚停靠的休息站是占冠地區道路休息站：自然體感（道の駅自然体感しむかっぷ），主要是離下一站更近些，想不到除了我們一車，還有好幾輛車也停在這裡過夜，看著大家嘴裡咬著牙刷、穿著睡衣走進廁所，有種莫名的默契。因為抵達休息站時商店都已經關門了，除了廁所開放外，只剩下路燈與偶爾呼嘯而過的車聲，坐了一路的飛機和車子，大家都有點疲倦，於是決定早早休息，迎接明天的到來。

　　這個休息站就位在國道237的沿線上，主要的特色是店內販售占冠村自產的新鮮蔬菜、鹿肉製品，以及Shimokapu木作坊的木藝品。另外，附近還有離休息站僅6公里左右的賞楓名所赤岩青巖峽，一年四季都適合前來。

道の駅　自然体感しむかっぷ
地址：〒079-2201 北海道勇払郡占冠村字中央（沿著國道237号可抵達）
電話：0167-39-8010
營業時間：09:00~18:00，12/31~1/3休館
廁所：24小時開放

Day 2

小心！
野鹿出沒！

　　早上離開睡了一晚的休息站後，經過すき家吃早餐，接著到帶廣神社、幸福車站，中餐在池田葡萄酒廠參觀並簡單吃個黑毛和牛與咖哩飯後上路。不得不說，開露營車旅行就是隨興啊！最後到超市採買，準備到露營場炊煮。

幸福感滿點 ────
帶廣幸福車站

　　來到北海道帶廣，其中一個名為「幸福町」的地區，這裡的建築當然一律冠上了「幸福」二字，有幸福郵便局、幸福車站、幸福神社，在1987年廢站的幸福車站（こうふくえき）重新改裝後，則是戀人的聖地，也是當地人拍攝婚紗選擇的地點之一，結合下一站「愛國」更有幸福愛國的紀念車票販售。

| 帶廣幸福車站
地址：〒080-0000 北海道帶広市幸福町東1線
營業時間：自由進出

提供免費試喝紅酒
池田葡萄酒莊

　　你是冰淇淋＋酒空控嗎？那絕對不能錯過北海道十勝的池田葡萄酒莊，因為這個葡萄酒莊不但有免費試喝的葡萄酒還有特別的白蘭地冰淇淋，中午到達這裡先享用十勝牛牛排當中餐，飯後逛逛酒窖、參觀酒莊介紹與釀酒的方式。走進酒窖內，那醉人的酒香讓不喝酒的人都要暈了，雖沒有開放完整的釀酒過程，但一次看到滿滿的酒桶，還有中文介紹，也是不虛此行的體驗。

池田町ブドウ・ブドウ酒研究所（ワイン城）
地址：〒083-0002 北海道中川郡池田町字清見83-4
電話：015-572-2467
營業時間：8:00〜18:00，無休。
網頁：www.tokachi-wine.com/access/

野生鹿出沒的豪華露營地 ──

山花露營場

　　北海道露營有滿多規定的，對於一般人來說比較有難度的就是預約，而這個2017年6月才正式開放的山花營地是由當地政府所經營，可以透過網頁預訂入場的日期，在指定的入場時間前抵達營地後辦理入場手續，工作人員用生澀的英文為我們介紹入場規則並交給我們一份營地地圖，繳費之後就有一張可以24小時進出停車卡及四個垃圾袋，離開時將垃圾分類好丟棄到指定地點即可。

　　進入山花露營場，營區大不說，周邊都是山坡綠地，而且晚上的時候竟然還可以在營區周圍看見幾隻野生的鹿出沒。營地的中心除了可以登記營位與收費以外，還可以免費借用微波爐與取用熱水，也有簡易的賣店，販賣露營可能會用到的一些用具，另外也有提供洗烘乾機及盥洗的浴室。

洗澡10分鐘100元，中途可以按暫停。不想在營地洗澡的話，附近有個山花溫泉，拿露營登記的帳單就可以享有泡湯優惠，而這座溫泉才離營地5分鐘的路程。洗個熱呼呼舒適的澡，喝個牛奶再回到營地，是最舒服不過的選擇了！

第一次在日本露營真的有被營地的規模給嚇到，也、太、大、了吧！有一種「整個草原都是我們的」的感覺，而當天也只有我們一台車在此露營，營地除了可以搭帳棚、睡小木屋、睡車上，也可以辦烤肉派對，還有一塊規劃完整的炊事區域，四周環境乾淨又大，還有功能完善的烤肉區。廁所、洗滌區域也都離營地很近，簡直是所有露營愛好者的夢想。

晚上第一次嘗試在營地煮白飯，雖然外面氣溫是個位數，但是在車上被暖氣和煮飯的熱氣包圍，覺得非常溫暖呢！除了白飯外，我們還利用了路上買的食材組合成一鍋壽喜燒，北海道自產自銷的蔬菜水果真的美味又便宜！

隔天早上吃過早餐之後，帶著兩個小朋友逛營區，找尋野生「香菇」、炸蜢、蟋蟀，跑跑跳跳的接近大自然之旅。在露營中心旁也有大型的遊樂器材區，看著小孩跑跑跳跳，嘻笑聲不斷，完全可以感受到被放生的快感。

釧路市山花公園オートキャンプ場
地址：〒085-0204北海道釧路市阿寒町下仁々志別11番37号
電話　0154-56-3020
開放時間：6月1日至10月20日（5月1日開始提供預約）
入場時間：汽車營地 15:00~19:00，退場時間：07:00~11:00
網頁：www.city.kushiro.lg.jp/kurashi/kouen/k_ichiran/yamahana/0002.html

Day **3**

品嘗美味無敵
的自選配料勝手丼

　　在露營場睡了一晚的好覺，早餐決定簡單做一道大人小孩都喜歡的雞蛋馬鈴薯沙拉三明治，孩子們果然吃得很開心！而當小朋友們在營地內蹦蹦跳跳時，大人們也沒閒著，分工合作地收拾用品，準備離開營地。

必吃勝手丼
釧路和商市場

　　離開營地後的目的地是釧路市區的市場，除了吃中餐也想順道買點食材在路上備用。釧路市區有兩個主要的市場，一個是以販售食材為主的丹頂市場，另外一個則是提供觀光客用餐的和商市場，它最大的特色就是可以吃到自己選擇配料的勝手丼。

　　除了露營車可以停放在市場專門的停車場以外，來到這裡最重要的就是吃飽吃滿！丹頂市場沒有提供勝手丼，但有一個日本藝人造訪過的拉麵店，市場雖然小了一些，不過還是可以進去逛逛。相對於丹頂市場，和商市場就比較不一樣，不僅一進去就是琳琅滿目的海鮮攤位，光是鮭魚卵、當季的花蟹、壽司，就令人看得眼花繚亂，好像不拿點錢出來消費會對不起自己似的。逛上一圈後，發

現賣勝手丼的都差不多，就選一家看得順眼、覺得舒服的即可。

　　什麼是勝手丼呢？就是購買一碗白飯到海鮮攤位選取各種海鮮配料，自行組合搭配的丼飯。如果不吃生食，不想自選勝手丼的話就直接走進食堂，套餐的價格也很優惠。要吃勝手丼，店家會告知你要去哪裡買醋飯，依照不同的分量有不同的價格。端著飯碗走到攤位前自然就會有人接過，告知你哪一種配料之後，再算食材的價格。選好配料後就可以端到座位上準備用餐，搭配剛剛選購的螃蟹，螃蟹也全部都是剪好的，十分貼心。這天的午餐真的是大滿足啊！吃完後，真心覺得雖然自選配料貴了一些，但是新鮮度是沒有問題的，加上都是選自己喜愛的食材，一下子就把飯吃光光了！美味，無價。

　　小孩在這裡打翻味噌湯，店家馬上遞上抹布，服務周到，加上市場乾淨，沒有什麼異味，逛起來感到超級舒服。想要買伴手禮這裡也可以買到，還有北海道特有的鹿肉套餐喔！

釧路和商市場
地址：〒085-0018 北海道釧路市黑金町13-25
電話：0154-22-3226
營業時間：08:00-18:00
休息日：週日休
停車場：對面設有收費停車場（購物的客人可享受1小時免費停車）

丹頂市場
地址：〒085-0018 北海道釧路市幸町13-1-1
電話：0154-24-5674
營業時間：06:00~17:00
休息日：週日休

成群結隊大啖牡蠣！
厚岸牡蠣祭

　　每年十月初左右，在厚岸地區會舉辦為期大約10天的牡蠣祭典，地點選在子野日公園，平時日本的公園是無法烤肉的，唯獨這個時期，一大早就有車子湧入公園占位置，然後會在各處角落看到三三兩兩或是成群結隊的日本人用烤肉架烤牡蠣和其他食材，就像台灣的中秋節一樣。

　　烤肉架除了自己帶，也可以在現場租借，就連食材都可以現場買，真的非常方便，難怪很多當地人會提早來卡位。公園裡面有停車場、廁所，所以真的滿適合一家大小一起來。不想動手也沒關係，現場搭起的一個個帳棚裡頭就有賣現烤現煮的熱食小吃，像是熱狗、烤帆立貝、牡蠣拉麵、牡蠣燒，還有飲料、啤酒等等，就像園遊會一般熱鬧。

　　到會場的時間已經是下午兩三點，人潮散了一半以上，小吃攤也準備收工，會場旁邊還有一間專賣花蛤牡蠣的小攤，花蛤一公斤600日幣也太便宜了！決定買個兩公斤當下酒菜，晚餐就是北海道厚岸採買的花蛤大餐！

厚岸牡蠣祭
地址：〒088-1111 北海道厚岸町奔渡6-9 子野日公園
日期：2017.09.30~10.09
主辦單位：厚岸觀光協會

吃得到牡蠣冰淇淋！

厚岸美食公園休息站

　　距離牡蠣祭會場不遠的厚岸美食公園道路休息站（厚岸グルメパーク），一樓販售北海道及當地的物產，二樓則有一個海鮮市場，可以購買到新鮮牡蠣和秋刀魚，然後直接在餐廳用炭火燒烤來吃。這個市場販售的都是當季的海鮮居多，厚岸產的牡蠣、蛤蜊、花枝、鮭魚、海帶、秋刀魚等等都買得到，是一個四季的食材都能入手的休息站。

　　我們決定在這裡吃晚餐，二樓還有一間名為Escal的餐廳，餐點以當地的物產入菜，包括義大利麵、披薩、炸牡蠣、咖哩飯都是選用厚岸的海鮮，非常有飽足感。離開之前在一樓的賣場咖啡部買了牡蠣冰淇淋，它混合了牡蠣的濃縮液與摩卡冰淇淋，上頭還有一片牡蠣殼造型煎餅，完全吃不出海鮮味，但味道還不錯就是了。

厚岸グルメパーク

地址：〒088-1119 北海道厚岸町住之江2-2
電話：0153-52-4139
開館時間：09:00~21:00(4~10月)、10:00~19:00(11~12月)、10:00~18:00(1~3月)
休館日：12/28~1/2、每週六定休，如遇假日則隔日休。

候鳥每年越冬的棲息地
天鵝44根室休息站

　　晚餐結束後天色也暗了，過五點之後的北海道彷彿籠罩在一片漆黑的布幕之中，在路上行走根本就是伸手不見五指。一到夜晚，就是尋找住宿的時間。也許大家會覺得納悶，不過別忘了，我們可是開著露營車出來旅遊啊！每一天的行程都很彈性，走到哪查到哪，可以說我們很瘋狂，也可以說旅遊中充滿了無限的可能。

　　這天旅遊到根室，大家經過了一路上的舟車勞頓，只想要選一個離下個目的地比較近的地方住宿，「前面有一個休息站，要不要去？」到達後，廁所的感覺還不錯，乾淨又方便，就決定在這個休息站度過一晚了。

一路上經過的路段都是標示著有鹿會跳到路面的告示，外頭雖然黑得看不清路，不過車裡卻很暖和。抵達休息站發現過夜的車輛還滿多的，而且一旁就是風蓮湖，可能是在湖邊的關係風大又冷，氣溫停留在個位數，趁還有體力就把白天買的花蛤拿來煮成酒蒸花蛤配酒吃。這個休息站最貼心的就是有熱水可以洗手，刷牙洗臉都不用擔心，至於休息站的周邊設施就留待早上再來一探究竟吧！晚安，風蓮湖！

　　這個休息站是熱門的賞鳥地點與風景名勝景點，有著根室著名十景之一的風蓮湖，湖邊很適合散步，運氣好的話還可以看到老鷹。在餐廳也有販賣牛排丼定食，以及根室這裡著名的螃蟹泡麵與螃蟹仙貝。

　　依著風蓮湖畔而建的休息站，附近還有一個春國岱原生野鳥公園，是很多賞鳥人士或喜歡大自然的遊客拜訪的重點。10月份的北海道已經有涼意，加上休息站的風很大，所以我們選擇從休息站一覽風蓮湖的蕭瑟秋景，風蓮湖是淡水與海水相混合的汽水湖，同時也是天鵝和多種類候鳥的越冬地，10月會有成群大白鳥飛到這個中繼站停留，湖面也會呈現一片純白的美景。而商店裡也有販售當地點心荷蘭煎餅，最厲害的就是這個北海道根室產的花蟹泡麵了，裡面有一整塊的花蟹肉喔。

道の駅 スワン44ねむろ
地址：〒086-0073北海道根室市酪陽1番地
電話：0153-25-3055
營業時間：09:00~18:00（7~9月）、09:00~17:00（4~6月，10月）、
09:00~16:00（11~3月），5~10月無休，11~4月每週六休，遇節日則改隔日休。

Day 4 來去飯店住一晚！

　　早上起來意外發現，昨晚睡的天鵝44休息站不僅有風蓮湖美景，還有賣花蟹泡麵！吃過摩周車站第二好吃的豬排飯後，終於見到傳說中的摩周湖！那與天空爭豔的湖水，會不會太藍了！本來看到摩周湖就覺得今天夠本了，結果入住屈斜湖王子飯店看到湖景第一排的景致，簡直就像中樂透般，開心地飛上天！

日本展望台第十名
開陽台

離開風蓮湖後，接著往摩周湖方向前進，眼見天色還早，我們決定停留開陽台。10月初的北海道除了清冷的空氣外，還有沿途經過的成片牧草地，以及一路上偶爾可見到的紅葉相隨。開陽台是位於日本北海道標津郡中標津町裡的一座丘陵，海拔只有271公尺，從丘陵頂部可環視周邊所有地區，包括已列入北海道遺產的根釧台地格子狀防風林，若是天氣好的話還能看到知床山脈、野付半島和國後島，這裡建議停留時間大約半小時左右就可以了。

開陽台
地址：〒086-1273北海道標津郡中標津町字俣落2256－17
電話：015-373-4787
開放時間：09:00~17:30

全日本第二好吃的豬排丼 ───────

摩周站前ぽっぽ亭

　　隨著旅程一路向東往摩周湖前進，已經是中
午時分，先吃碗摩周車站旁的豬排丼再上路。一來
到摩周車站，大家的心情都很嗨，「哇～好可愛
啊！」藍天下的摩周車站的外型簡直就像積木一般
的可愛，一旁還有大大的停車位，讓人心情大好。
此外，摩周車站提供了足湯的服務，可以悠閒地買
個便當邊泡湯邊吃。不過建議大家還是在店內用餐
的好，因為店內的布置真的好漂亮。

　　車站另外提供可以飲用的溫泉水，但是喝起來超鹹。不意外的，中午用餐時間都客滿了，到了預約用餐時間，我們點了這家店的招牌豬排蓋飯和蝦天丼，在等餐的過程中，翻閱書櫃上的雜誌，沒想到這家店也被畫入了漫畫之中。蝦天丼的分量多，而且夠新鮮，推薦給愛吃海鮮的朋友。一片片的豬排蓋滿整碗飯，光看就有一種滿足的快感。老實講，豬排口感還好，畢竟台灣也是烤肉王國，但這家真正厲害的是刷在肉片上的滷汁，這可是陳年老滷，不僅鹹甜均勻，那香氣更是完勝，也因為這醬搭上用心挑選的白米飯，沒有三兩下就把飯扒光了！おいしい！うまい！（好吃！）

ぽっぽ亭
地址：〒088-3204 北海道川上郡弟子屈町朝日1-7-18
電話：015-482-2412
營業時間：10:00~19:00

如詩如畫的美景
摩周湖

在車站吃了好吃的烤豬肉丼後，來到摩周湖，摩周湖有三處展望台，我們選擇了先到人比較少的第三展望台，一旁就有停車格，露營車也沒問題，站在展望台上眺望與天空爭豔的湛藍湖面，吹著迎面而來的冷風，心中突然升起一股「心有多大、視野就有多寬廣」的念頭，這世界何其廣闊，永遠不要為自己設限，也不要苛待他人。摩周湖最大的特色是被稱作摩周藍、彷彿是一種色譜上獨一無二的顏色，而湖面雖然沒有河水匯流，但卻能神奇的維持一種巧妙的平衡，並沒有明顯增減。

第一展望台設有商店，旅行團遊客較多，可以買點北海道特產或是現切哈密瓜、蒸玉米等當作點心。

摩周湖

地址：〒088-3200北海道川上郡弟子屈町原野

電話：015-482-1530（第一展望台販賣店）

營業時間：商店 08:00~18:00 (11月下旬～4月上旬休息)

暢快泡湯的好地方 ————
屈斜湖王子飯店

　　循著道路跟著導航前進，我們在飯店的迎賓車道停下了車，讓服務人員協助取下笨重的行李，但也看到對方眼中閃過驚訝的眼神，「誰會開著露營車來這裡住宿啊？」

　　當天抵達時是下午時刻，藍天搭配著太陽即將下山的紅暈，實在美不勝收。但據說11/26~4/27冬季休館，這就是北海道，大部分時間都是冰雪世界，我們以為的浪漫其實是當地人的不便。雪國生活不易，更讓人珍惜台灣出門不到五分鐘就有便利商店的生活。

　　在進電梯前稍微看了一下周遭的環境，販賣機、付費上網、洗衣機等，應有盡有，在露天的大浴池，可以享受具有美容功效的屈斜路溫泉，一邊泡著熱呼呼的湯一邊仰望頭上的星空，那種暢快感覺真是舒服。

　　飯店的地下室也提供了各種娛樂設施，有購物廣場、小型超市、體育室與健身房。要洗衣的話可以在商店購買洗衣粉與換零錢，一包洗衣粉約台幣10元不算貴，等待的空檔可以到餐廳用餐，回來時衣服也洗好了。晚餐提供的種類很多，對於想要好好品嘗美味料理的朋友，是超級適合的用餐環境。

　　一夜好眠後，早上起床想要一睹屈斜路湖之美，窗簾一拉開，卻看到陰灰色的湖景……有些失望。離開前推薦大家可以到飯店後頭的湖邊散散步，沿著環湖步道欣賞清澈的湖水，享受一段靜謐的時光，再繼續前往下一個旅程。

　　若你沒有什麼特別的計畫，能用日文溝通，也可以參考飯店提供的旅遊配套行程，就可以輕鬆來一趟當地的跟團之旅。

屈斜湖王子大飯店
地址：〒088-3395 北海道川上郡弟子屈斜路溫泉
電話：015-484-2111
官網：www.princehotels.com/kussharo/zh-tw/

原來，
日本的監獄這麼美！

　　旅行難得住飯店，大家都忍不住賴床，超過10點才逼不得已地拖著行李上車出發。離開了硫磺山就到川湯溫泉點了蛋糕，一路上嘴巴都沒停過，直到眼前出現了一片蔚藍，讓痴呆已久的眼睛為之一亮，是海耶！在網走的街上吃到像深夜食堂版的料理，拿起啤酒與螃蟹乾杯，感謝一路上的好運，讓美食不缺席！

煙霧裊裊的神秘感

硫磺山

　　在停車場停好車後，我們往山上走，不斷從岩縫中噴發的蒸氣讓整座山充滿了神秘感，也讓不少人在此拍下了逗趣難忘的合影。

　　不同於台北陽明山，北海道硫磺山多了視覺上的壯闊，一樣是360度的景觀，但北海道的硫磺山少了高山的阻擋，可以一覽無遺地俯瞰山下景致，更可踏上規劃的登山步道，感受蒸氣繚繞的縹緲，觀看腳下高溫滾燙沸騰的泉水。還有充滿各式包裝話題的商品林立，讓你在逛過硫磺山後，小憩片刻。

　　此時剛好趕上了換季，隨著高度的變化，原本的綠意一瞬之間換上了秋色。

　　不同硫磺山缺乏色彩的單調，往山的另一邊方向看，就像調色盤畫布般的景色在眼前展開，讓視覺上也有了不一樣的感受。

　　硫磺山位置介於摩周湖和屈斜路湖的中間，若計畫到摩周湖遊玩，是可以順道一遊的景點，而且四季的景致都不盡相同。秋天前來，山下是色彩分明的藍黃綠橙紅，往山頂看，夾雜著黃色與灰白的硫磺與不曾間斷噴發的蒸氣，形成了對比。我們在吃過當地特有的硫磺蛋後，結束了硫磺山之旅。

硫磺山

地址：〒088-3200 北海道川上郡弟子屈町（從川湯温泉駅乘坐巴士約5分鐘）

電話：015-483-2670（川湯観光案内所）

開放時間：冬季期間（11月下旬～翌年4月上旬）不開放，停車場可免費停
　　　　　車，但不負保管責任。

備註：停車費用：轎車500圓、小巴1000圓、大型巴士2000圓

懷舊與浪漫感加乘 ——————————
川湯溫泉車站＆喫茶店

　　來到道東旅遊時，無論自駕或搭車，想要避開擁擠人潮的旅客，常會安排前往川湯溫泉。川湯溫泉的名稱是來自北海道愛努語「熱的河川」之意，因為溫泉水源所產生一條溫泉河，而商店、車站以及溫泉旅館都分布在這區域，使得川湯溫泉雖然不大，但該有的生活機能都有。

　　在行程上我們以川湯溫泉車站周邊的店為主，若想要去溫泉街上走走，則要到約三公里距離處的川湯溫泉街，那裡聚集了菓子店、食堂、壽司店、居酒屋、溫泉旅館，也有神社、足湯、大鵬相撲紀念館。

　　川湯溫泉車站於1930年啟用，在1988年時更改名稱（原為川湯車站），在1995年時變成無人車站，車站仍保留以往年代的風貌，紅色屋頂的老屋建築看起來很像日劇中會出現的場景。車站內設有免費的足湯，在木質感的區域泡著足湯，讓疲憊的雙腳得以暫時獲得抒解，一旁還有摩周湖水源上游引來的水讓旅客們可淺嘗。

　　在川湯溫泉內也有設置喫茶店 オーチャードグラス（蘭花草），這是1987年將車站原本的車站事務室與站長室改裝後的成果，在這棟老建築內吃著咖哩飯有種懷舊與浪漫感，牛奶霜淇淋，吃起來是鹹鹹甜甜的風味。

川湯溫泉車站：

地址：〒088-3462 北海道川上郡弟子屈町字川湯駅前1丁目1番18号

網站：www.masyuko.or.jp/pc/sightseeing/kawayustation.html

喫茶店 オーチャードグラス（蘭花草）

地址：〒088-3462 北海道川上郡弟子屈町川湯駅前1-1-18 川湯温泉駅舎内

電話：015-483-3787

営業時間：夏季10:00～18:00(L.O 17:30)、冬季10:00～16:00(L.O 15:30)，週
二休。

卡哇伊的生活雜貨
PANAPANA

　　川湯溫泉車站對面有一間可愛的小木屋吸引了我們的目光，在好奇心驅使下，推開了店門，原來是結合麵包店與生活雜貨選物店的PANAPANA。

　　木造建築讓整間店充滿了溫暖風格，加上老闆娘親切可愛的笑容，讓微涼的天氣，似乎溫暖了些。PANAPANA一共有兩層樓，服裝、別針、首飾、皮包、皮件、帽子、鞋子、襪子、縫紉用品、手帕、毛巾、文具、書信用品、餐具、碗盤、醬料，各種生活中所需要的物品，在這裡都可以找得到，而且充滿日式森林系風格，卡哇伊！

　　拿了彩色鉛筆、湯匙、皮革，結帳時看到櫃檯旁的麵包非常好吃的樣子，於是也買了一條吐司，口感Q軟有彈性，咀嚼時能吃得到麥香。這個溫暖、可愛又有功能性的店面，人潮絡繹不絕，不是沒有原因的。

PANAPANA
地址：〒088-3462北海道川上郡弟子屈町川湯駅前1-1-14
電話：0154-83-3188
營業時間：10:00～18:00／冬季10:00～17:00，週二、週三休

Suite de Baraques Café

　　會來到這家店，同樣是被可愛的木屋吸引，還有當時因應萬聖節所擺放的南瓜實在好可愛，忍不住走進店內。

　　Suite de Baraques Café是間簡單樸實的洋菓子店，就像日劇或漫畫中會出現在小鎮上的那種溫暖小店，裡面有各式麵包、北海道小麥粉製的甜甜圈、蒙布朗、水果塔、蛋糕捲與布丁，可以選擇在店裡內用，或是到一旁的森のホール吃正餐搭配甜點。

　　在蛋糕櫃前天人交戰之後，選定了無花果塔、千層蛋糕與草莓蛋糕捲，風味絕佳口感卻不複雜，以食物原味為主，清新爽口，在遠離繁榮發達大城市的道東，還能遇見這樣的甜點店算是旅途中的小確幸，就用甜食來犒賞這一路上的辛勞吧！

Suite de Baraques Café
地址：〒088-3462北海道川上郡弟子屈町川湯駅前2-1-2 森のホール
電話：0154-83-2906
營業時間：09:30～18:00／每週二以及每月第二、四個週一休
網站：www.facebook.com/kawayumorinohall/

電影《非誠勿擾》的取景地
北浜驛展望台

　　旅行，就像是個無止境的探險，沒到達之前都算在冒險。一會行走在兩旁都是稻田的鄉間小路，一會左邊是蘆葦漫布的沼澤樣湖泊，剎那間，右邊卻出現了傳說間隔北海道與俄羅斯的鄂霍次克海。而目的地還沒抵達，只能默默地隨著導航的指示，前進並期待著。途經以為是海的大湖，原來是濤沸湖（トウフツ湖），搭配著蘆葦與芒草，在蕭瑟的冬季顯得一片淒涼。

　　北浜車站位於日本北海道網走市境內，是釧網本線沿線最接近鄂霍次克海的車站，由北海道旅客鐵道所經營。於1924年開始營業，是一座木造的車站，後來1984年改成無人車站，車站不大但裡面有洗手間、候車室，還有一個取名為停車場的餐廳。

　　而北浜驛展望台原身是國鐵時代的北浜車站倉庫，後來拆除後在原址以木頭搭建成這個展望台，從這裡也可以眺望海洋與知床半島。很多人來這裡都是為了拍攝流冰浮在海面的壯觀景象。

　　車站離海面僅僅20多公尺的距離，冬天流冰Norokko號會在這裡停留10分鐘左右，所以很多遊客習慣把各種票券貼在牆上表示到此一遊，這裡同時也是電影《非誠勿擾》的取景地，所以不少人慕名而來。

北浜驛展望台
地址：〒099-3112 北海道網走市字北浜365-1 （JR北浜駅）
電話：0152-46-2410
營業時間：11:00~20:00（餐廳）

冷到骨髓裡
網走監獄

　　參觀監獄，不曉得大家會有什麼樣的想法，會不會很害怕卡到陰？網走監獄關過很多的政治犯，那種冬天在監獄裡的凍結生活，即便開了暖氣裡面氣溫也是零下8~9度，鼻子嘴巴吐出的氣息就像龍鬚糖般，一絲絲地掛在牆上還有眉梢，一不注意就凍結了。若忘記摩擦鼻子取暖，鼻子還有可能因為凍瘡而腐壞。「就只是冷，那種遠勝寒徹骨髓的冷。」一位在網走監獄待過六年的受刑人還是記憶猶新地說。從他的回憶錄裡，看得出在雪國的監獄中服刑有多麼艱辛，更有可能讓意志力全部消除殆盡，失去了身為人的活力。

　　撇除過去的灰暗歷史，目前網走監獄已經變成了一個觀光景點，有美麗的環境、主題性餐廳，還有充滿話題的商店。

　　在門口買了門票後，會拿到一本精美的監獄解說圖，跟著上頭標誌的號碼參觀，就可以一關接著一關參觀整個監獄的環境與設施。還好沒有特別標示出執行死刑的地點，不然有些人搞不好會特別跑去感應之類的……（同行的友人：並不會）。但不得不說監獄裡的每一個假人都做得幾可亂真，有時不免有一種熊熊被嚇到的感覺。

　　順著劫盜地圖來到「監獄」，走到裡頭會發現有些類似台灣的道路建設主軸，也是滿妙的。監獄裡也會展示一些有關監獄會使用的「傢私」，監測的哨台就設置在路口，方便監視各個收容所的動靜，設計與台南圓環有異曲同工之妙。

　　不得不佩服日本人對觀光的用心，連廢棄的監獄也可以改造成為一個新的觀光景點。在這裡散步其實還滿美的，你不會意識到自己就身在監獄裡頭。日本的每個觀光景點都一定會有紀念品店，網走監獄也不

　例外，在這裡可以買到與監獄相關的商品，七轉八起鑰匙圈象徵的就是「人生有起有落，就算跌倒了，繼續爬起來前進就對了！」另外還有很多象徵受刑犯的衣服以及相關飾品，挺有趣的。

　　大家有機會來到北海道的網走，不妨來看一看吧！

網走監獄
地址：〒099-2421 北海道網走市呼人1-1
電話：0152-45-2411
網頁：www.kangoku.jp/
開放時間：08:00～18:00（4月～10月）、09:00~17:00（11月～翌年3月）
　　　　　閉館前一小時停止售票，年中無休。
備註：網路購票較現場便宜，約110日幣

便宜蔬菜大集合
大空町女滿別道路休息站

　　露營車緩緩地開進了休息站，感覺這個休息站好像不錯，因為一旁已經停好在廁所第一排卡位的露營車了。今天的休息站十分熱鬧，大概有20台車左右，想要試著和這些鄰居打招呼，但看看露營車的內部，這時就覺得日文需到用時方恨少，對～就是只會買東西、點菜而已。

　　這裡是大空町女滿別道路休息站（道の駅メルヘンの丘めまんべつ），對此地的印象就是菜超便宜、可以吃到白色戀人冰淇淋，還有那滿櫃的起司。北海道的起司有一種特別的魔力，讓人想要一試再試，恨不得吃光所有冰櫃中的起司！

　　在出發旅行前，我們有約定好每天要6點起床出發前往下一個點，晚上幾點前要找到營地，並開始炊煮。最後變成天天睡到自然醒，可以睡到早上10點更好，因為休息站的食堂就開了，就有早餐可以吃喔～錯過了營地的進場時間，沒關係啦！反正道路休息站超方便的，有廁所就行了，安啦～安啦！

　　只要車子有油，身上有錢就好。倘若遇到了喜歡行軍式旅行的行程控，肯定會受不了，所以再次證明了一件事，旅伴很重要！好的旅伴讓你天天都開心，難搞的旅伴讓你天天作惡夢。

　　這個休息站並不大，但是門口的蔬菜攤便宜到令人覺得站在前面有點恍神，光是決定「要買、不買」就足足思考了一分多鐘，回來看到了冰箱裡的乾香菇，「哎呦～剛才怎麼沒有買呢？」好便宜啊！否則現在燉個雞湯不是剛剛好嗎？

　　看到白色戀人冰淇淋，魂魄立刻被勾引，到櫃檯點了MIX，接著在冷風中享受著北國的美味，這就是青春啊！

　　因為菜價實在太便宜，旅行多日第一次遇到三顆高麗菜300日圓，讓我們三顧茅廬，最後忍不住用120日圓買了一顆，但是那一顆比籃球大的高麗菜，也放不進冰箱（整個冰箱都是酒和飲料，還有沿路買的小菜與零食），最後，高麗菜因為天氣一下冷一下熱（地上的暖氣），某天下午流湯爆漿了……結束了連吃多日的高麗菜料理，每個人不禁鼓掌歡呼，「終於不用吃高麗菜了！」

道の駅メルヘンの丘めまんべつ
地址：〒099-2356 北海道網走郡大空町女満別昭和96
電話：0152-75-6160
營業時間：09:00~18:00（12/30~1/5休）

在國境之北，
寄封信給未來的自己

一路往北前進，雖然每天路上的誘惑太多，讓大家都是玩到天黑才找地方睡，但今夜的道路不平靜，讓所有的人都緊盯著窗外，為的就是尋找出沒的鹿！看到第二隻時還很開心，到第10隻後，完全無感……

美食遊樂園
道の駅愛ランド湧別

　　這一天車子順順地開進愛ランド湧別，本來是為了尋找一個上廁所解放的地方，最後休息站竟變成了尋寶的一部分。因為造訪愛ランド湧別，才知道當地的特產是帆立貝，另外這裡還有遊樂園，免費入園，如果要玩遊樂器材，一日券玩到底是1600日幣，2歲以下幼兒不用錢。

　　果不其然，小孩一看到遊樂園就往前面衝，只能用身高不夠、沒錢、沒時間等爛理由阻止他們！走進休息站，二樓是食堂一樓則是賣場，可以購買各式干貝產品，包含當作零食的乾燥干貝、干貝餅乾、料理用的干貝、干貝泡麵，滿滿的干貝產品，讓人在選擇時猶豫了起來。除此之外，還有螃蟹湯也做成罐頭呢！

　　一路逛下來，買了一包香酥好吃的零食、幾顆干貝，還吃了兩根超甜的玉米，北海道的玉米真的會讓人吃上癮，實在太好吃了！

道の駅愛ランド湧別
地址：〒093-0652 北海道湧別町志撫子6-2
電話：0158-68-2455
開放時間：09:30~17:00，營業時間會有變動。（12/30~1/4休）

享受泡湯趣

道の駅かみゆうべつ温泉休息站

　　很多人也許都有一個疑問：「你們睡路邊和休息站的話，去哪裡洗澡呢？」

　　哈哈！日本的休息站就是這麼神奇，這也是讓我們每次在日本走跳時都會到休息站晃一晃的原因，感覺就是會挖到寶！

　　然而休息站的溫泉並非只是加了溫泉粉或者是一大池的熱水給你泡，大多數也是屬於日本的名湯百選，所以滿多日本人提著盥洗用具前來泡湯。若真的要推薦的話，我們還是會推薦碳酸氫鈉泉，那種身體進到泉水內會不斷地有泡泡冒出，泡完皮膚光滑的溫泉，不過在日本旅行就需要做足功課才會找到，就當作碰運氣囉！

　　泡湯券可以在販賣機自行購買，裡面有保管貴重物品的置物櫃，出來後也有食堂可以補充一下熱量，或在賣場購買一些零食餅乾，還有小型的休憩區可稍作休息，如果一群人一同前來時，也可以在此等候對方。

　　以泡湯為主的休息站販賣的商品不像一般休息站那麼多樣化，別忘了，來這裡的目的是為了洗澡，不是購物啊！

道の駅かみゆうべつ温泉チューリップの湯
地址：〒 099-6329 北海道湧別町中湧別中町3020-1
電話：0158-64-1126
開放時間：10:00~22:00（溫泉時間同），餐廳營業時間：11:00至21:00
※年末和新年假期營業時間會縮短，另外10月份會有兩天連休。

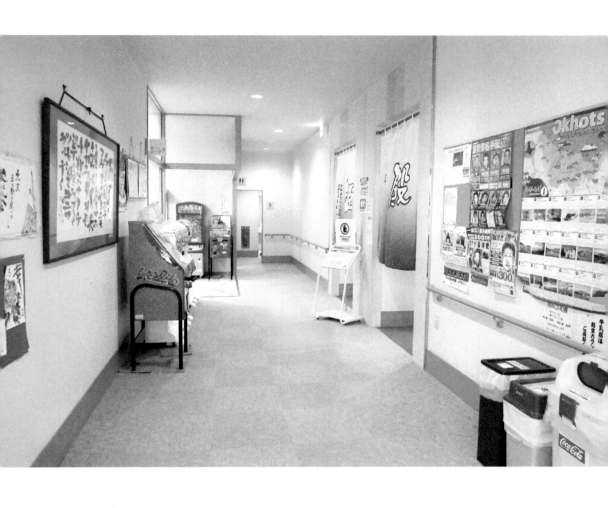

鄂霍次克休息站和螃蟹腳

　　北海道真的超級大的，如果你想要以三個月的時間來規劃自助旅行當然可以慢慢地遊玩，但如果假期有限的話，點和點之間的移動距離常常就是一、兩百公里起跳，在日本雖然是家常便飯，免不了要拉車，但拉車的過程很無聊怎麼辦？就是要找樂子。你必須努力發現旅途中的美好，學會「欣賞」周邊的一切，哪怕只是一條普通的河川與橋樑。當你對周遭都無感時，就算大山大水出現在你面前，也很難撼動你的神經。

在旅途中看到一望無際的道路和恐怖的公里數字，常常都會覺得還好剛剛上過廁所了。跟著導航的指示，終於來到了兩個距離很近的地方，一個是有限量螃蟹飯的休息站，另一個則是紋別的代表——巨大的螃蟹腳。高高聳立在路邊的螃蟹腳可是熱門的打卡地點呢，但拍完照後，超級想吃螃蟹的。

往一旁的休息站前進，是流冰科學館，在此有不定期的展覽，但我們這一群人怎麼看都不像會為了展覽特地前來，當然是為了那限量的螃蟹飯，不過很可惜的是賣完了！也許是沒有吃到螃蟹飯的怨念太深了，大家之後前往紋別漁師食堂時都不約而同地點了一碗超大的螃蟹飯，硬是要捧場。

老實說，在冷得要命的秋天來到這裡主要就是為了跟大螃蟹腳合照，還有吃傳說中的螃蟹飯，所以若對大螃蟹腳沒興趣的朋友，可以跳過這一個景點了。

道の駅 オホーツク紋別＆カニの爪

地址：〒094-0023 北海道紋別市元紋別11-6

電話：0158-23-5400

開放時間：09:00~17:00，週一休。

※流冰科學館重大節假日和寒暑假期間全天候開放，1月4日至3月31日冬季流冰季節不開放。

紋別漁師食堂

　　今天要吃什麼？就算在日本，三餐也是需要煩惱的事。來北海道就是要吃螃蟹啊！不知道大家都怎麼搜尋吃的資訊？我們會在所在地用google map定位，接著觀看一下周邊有無餐廳，很幸運地這一趟的旅行皆無踩到雷，是說踩雷的餐廳也不會跟大家分享啦！

　　「奇怪，我們不是有一天的行程會有滿滿的螃蟹嗎？」

　　「喔～那個過了，這裡是紋別，沒有螃蟹！」

　　不過天助我也，就在大家下定決心要買便利商店的小吃果腹時，手指滑啊滑的，看到了這間紋別漁師食堂，就在這裡與念念不忘的螃蟹見面了。價格大致上看起來還好，不會過分昂貴，一旁還有量販的生鮮魚產，吃不夠都可以再買回家煮。

　　我們一群人分成兩桌坐，不一會餐點上桌了，每個人眼前都是一大碗的螃蟹丼，咦？有人不是說沒有螃蟹也可以，隨便吃吃就好，想要省一點旅費，怎麼都沒有點其他的食物？

　　混著蟹膏與蟹肉的甲羅燒是店家招牌，吃起來超過癮的！還好有堅持來個大分量的螃蟹鮭魚卵丼，不然看到一碗碗的螃蟹丼卻沒有吃到實在太嘔了！這一家店真的是意外的美味，在飽餐之餘，身心靈也獲得了大大的滿足啊！

紋別漁師食堂

地址：〒094-0022 北海道紋別市40-55

電話：0158-24-9432

營業時間：11:00~17:00（最後點餐16:30），週日休，如遇到週一至週五的連續假日，則改週一休，週日營業。

官網：www.mombetsu-ryoshi.jp/eatin/

宗谷岬

　　喜歡旅行，也只有旅行才能看到不一樣的自己。隨著238號漆黑的道路，一路往北邊開，陽光升起時，右邊是蔚藍的鄂霍次克海，而左邊則是時而出現巍峨山脈時而出現一片美麗的大草原。突然間一陣緊急煞車響起，一頭鹿正從路邊的護欄準備跨越馬路，大人小孩紛紛停止了聊天和玩玩具，開始緊盯著窗邊，等待下一個野生動物的出現，結果一路上看到了至少十來頭的鹿，還意外地發現狐狸的蹤跡，這也是開露營車的小確幸之一啊。

　　沿路尋寶，轉眼間就快要到宗谷岬了，我們決定先下去看是否有公共廁所，若有的話就在這裡停留一晚，好好地休息睡一覺吧！

　　宗谷岬被稱為日本最北端的地標，位於北緯45度31分22秒、東經141度56分11秒的大角岬尖端的紀念碑是「日本最北端的尖端」。紀念碑以圓形地台為基底，象徵和平與協調。底座上的三角尖錐，代表北海道道章北極星一角的設計。而尖錐下方由左右箭頭造型組成的「N」字則代表北方的意涵，天氣好時可以遙望到前方43公里處薩哈林最南端的島影在海面浮現。

　　宗谷岬紀念碑旁有個滿大的停車場，還有公共廁所，這也是我們第一次露宿街頭啊！只不過是睡在車上就是了。周邊的建築物寫上了「日本最北端」字樣，那我們不就睡在日本最靠北的地方嗎？哈哈～就在大夥談笑間，窗外突然來了一位稀客──狐狸，別人家想見狐狸有困難度，我們今天卻見到三次，就差沒有鹿出沒了。不管是大人還是小孩都興奮莫名，還說不想睡覺了，想看看還會不會有其他動物來訪。

日本最北的地方真的不是蓋的，超、級、無、敵、冷！在戶外拍個照就像被關在冷凍庫裡，感覺自己都快變成一尾熟成的鰤魚了，這時候誰想要吃冰冷的早餐，哪裡有熱食就往哪裡去吧！

　　大家全往「最北端食堂」靠過去，裡頭傳來陣陣香味，拉麵從550日圓起跳，最貴的是海藻拉麵，「好吧！海藻很難挖的，而一份帆立貝拉麵是800日圓，就這一份吧！」帆立貝拉麵的湯頭清爽不油膩滿好吃的，但看到豬排咖哩飯更覺得超值！

　　吃飽喝足之後，怎麼可以錯過買戰利品的機會呢？當然要到一旁的紀念品販賣店逛逛，這裡可以買到最北端的紀念證明。

　　沒有開過露營車旅行不曾想到會有睡路邊的體驗，更不會有只要有公廁就好、隨遇而安的感覺，而跟著一大群人出遊不似獨自一人的自由，也不像兩人般甜蜜，但在爭吵與包容之間，可以感受到旅行帶來的意義與成長，旅行路上所見到的人事物也變成滋養未來的養分。最後，都來到這裡了，就買張明信片寄給未來的自己吧！

宗谷岬
地址：〒098-6758 北海道稚內市大字宗谷村大岬
電話：0162-23-6161（稚內市政府）

最北端食堂
地址：〒098-6758北海道稚內市宗谷岬2-10
電話：0162-76-2222
營業時間：07:00~19:00（3月~10月）其餘月份休

在狐狸的陪伴下
瞭望俄羅斯

　　昨晚一路往北開，不僅睡在日本最北的景點宗谷岬，晚上還有狐狸前來探視；早上一路吃了最北食堂、還去最北麥當勞吃了「嘿～齁～齁嘿齁嗨」，再到最北郵局寄了信，在最北水族館餵海豹，真是一趟超靠北的旅行！離開前大家還互相確認一次真的結束了嗎？我們要離開了喔？接下來就不是靠北了喔～

日本最北的人氣速食店
稚內麥當勞

　　全世界最北的麥當勞在芬蘭，而日本最北的麥當勞則是在稚內，自2009開業以來人氣始終居高不下，就是因為大家都想來打卡啊！對！爆肝就是為了打卡，多年來在日本只到過這間麥當勞。但也是因為這些無聊的動機，才常常有一些網友想不到的文章可以分享，創意就是始於無聊！

　　話說大家覺得世界各地麥當勞有沒有不一樣的地方？像菲律賓麥當勞還有義大利麵，那……日本呢？當初是有推出比較特別的ヘーホンホヘホハイ（he-hon-ho-he-ho-hi），就是培根馬鈴薯派，感覺像是噱頭的產品但其實還滿好吃的呢！其他產品則大同小異，沒有東南亞的米飯來得令人驚豔。兒童餐的牛奶挺特別的，其餘的餐點吃起來真的和台灣相異不大。

稚內麥當勞

地址：〒097-0002北海道稚內市潮見3-5-17
電話：0162-33-3236
營業時間：24小時，每月第一個週一及週三
　　　　　01:00~06:00休。
官網：www.mcdonalds.co.jp

老少咸宜的好地方 ————

ノシャップ寒流水族館、
青少年科學館

　　車子一路向北往稚內開去，稚內水族館是此
行的目的！我們這一車任性的旅人，雖然不是什麼
大富大貴的人家，但是很捨得花錢，擁有寧可路過
也不要錯過、寧可錯殺也不可不買的個性，若不小
心錯過一個好地方，日後朋友滑著手機分享好玩的
趣事有這裡就太嘔了！於是，大家默默地就來到了
這個日本最北的水族館。

　　稚內野寒布寒流水族館於1968年開幕至今，
是北海道開道100週年紀念設施之一，同時是日本
國內第100家以及最北的水族館。水族館內有北方
海洋系生物超過100種，以青森以北到北海道這段
海域的生物為主，其中展示的海洋生物包含：夢幻
魚種伊富魚、常見食用魚種及各種蟹、超人氣的海
天使、汽球魚等等。館內還有一個水量90噸、可
以360度觀看魚群環繞的魚池，以及一天兩次（早
上10:30及下午2:30）的海豹餵食秀，大部分的水
族館都有海豹餵食秀，這裡是裝滿一桶桶的魚，投
錢就可以自行拿著魚去餵海豹了。

　而那些海豹也不是省油的燈，只要看到你拿出飼料魚來，就會變得相當恐怖，不僅會往你的方向集體前進，還會拍打水面，要求餵食！這裡的海豹表演比較少特技活動，比較重視和遊客之間的互動，可以與海豹玩投圈圈的遊戲，過程中很歡樂，有一種值回票價的感覺。此外，還可以觀看漢波德企鵝可愛的模樣，與海豹相比，牠們相對地可愛多了！不吵不鬧，但一樣會跟著魚跑，就是一個小吃貨來著；有時跑步的過程中不小心跌倒，更是惹人憐愛。

水族館的二樓是一些昭和時期使用過的漁具展示，還有水族箱，魚類就不一一說明了，倒是拍了兩種外表醜醜的魚類算是紀念。

　　別以為在這樣的水族館只看看表演有點浪費錢，一旁的科學館也可以一同參觀，青少年科學館建於1974年，館內常設展有一般科學體驗的設施，包括力學、重力等等透過簡單的實際操作讓小朋友和大人輕鬆學習科學，十分具有教育性，例如：利用風力投球，訓練小孩的專注力；有踏上階梯會發出音符的音樂階梯，利用聲波震動讓裡頭的小球跳舞，一整個超療癒的啊！

　　裡面還有一區是南極展示區，收集了南極探險船的裝備、生活設備、衣物、器具及紀念物品等等，可以看到南極觀測隊使用的物資、居住的環境、日常飲食內容、禦寒衣物，非常有意思。

　　雖然這裡的水族館真的很小，不過一張票可以結合水族館與科學館，一整個很超值，一個早上的時間很快就打發掉了！加上可以親手餵海豹及和海豹玩投圈圈的遊戲，與其他的水族館大不同，所以就算空間很小，還是很推薦父母帶孩子前來！

稚内市ノシャップ寒流水族館
地址：〒097-0026稚內市野寒布2-2-17
電話：0162-23-6278
營業時間：9：00〜17：00（4月29日〜10月31日）※最後入場時間16：40
　　　　　10：00〜16：00（11月1日〜3月31日）※最後入場時間15：40
休館日期：4月1日〜4月28日、12月1日〜隔年1月31日
票價：大人：500圓、小孩100圓，小學以下免費。（票價包含青少年科學館）
網站：www.city.wakkanai.hokkaido.jp/suizokukan

一圓鐵道迷的夢想
JR稚內車站

　　得知日本最北的車站就在日本最北邊的城市、北海道的稚內時，無論如何都想前往朝聖，滿足小小鐵道迷的心願。

　　初來到稚內時是夏天7月，這裡的風非常的大，天氣也十分陰冷，明明在富良野還穿著短袖覺得熱，一到稚內便開始打噴嚏，因為氣溫從30多度直降到17度以下，10月再次來訪時和記憶中一樣冷。

　　有趣的是，因為鄰近俄羅斯，所以在北海道稚內的路牌指標上往往能看到不少俄羅斯文，也算是不一樣的體驗。除了俄羅斯文，還有許多標榜日本最北的美食，十分有趣。而稚內車站內也設有販賣店、咖啡館與餐廳、休息區，可在此購買伴手禮、鐵道便當。

　　稚內車站位置在北緯45度25分03秒，於西元1928年（也就是昭和3年）12月26日啟用。若想進入月台拍照，可跟站務人員說明購買月台區入場券，就會有寫著「日本最北端の駅」的紀念車票，一張是170日圓，如果透過售票機購買則是普通的車票圖案。

　　身為鐵道迷，來到稚內車站真的很開心啊！

　　拍完照後在車站找尋「日本最北端の駅」紀念章，上面的圖案是宗谷岬，它可供遊客或鐵道迷們蓋在本子上做為紀念，也意味著我們來到了日本最北邊了！

JR稚內車站

地址：〒097-0022北海道稚內市中央3-6

網站：www.jrasahi.co.jp/contents/facilities/station/w80_wakkanai.html

讓老人家緬懷不已
稚內港北防波堤

　　稚內車站旁有道稚內港北防波堤（稚內港北防波堤ドーム），由於位置很近，所以可以順道前往。稚內港北防波堤是為了防止強風與大海波浪而設立，全長共427公尺，2001年時被指定為北海道遺產。造型上有哥德式建築風格，一共70根柱子，站在長型迴廊裡面，看起來十分壯觀，無論是單拍景色或是合照留影都很不錯！防波堤在造型上也能如此美觀，在訝異之外，也很佩服設計者的用心。

稚內港北防波堤（稚內港北防波堤ドーム）
地址：〒097-0023北海道稚內市開運1-2-2
網站：www.welcome.wakkanai.hokkaido.jp/sightseeing/rekishi_kankou/dome/

劍淵溫泉繪本故鄉家族旅行村

　　旅行已經來到了第七天，一路從北海道最北往中間移動，這天就決定要在劍淵停留。本來覺得這是一個可以洗澡和休息的地方而已，沿路都睡了這麼多休息站，還會有什麼特別的嗎？結果一路上不但遇到了野生的鹿，隔天起床走出露營車時，發現原來昨晚竟是睡在人間秘境，簡直是驚喜到不行，而這一切的花費更是省到讓人驚呼！

　　劍淵町位於北海道道北地區上川郡，離旭川市區車程約1小時左右。這裡民風淳樸、人情味濃厚加上四季景色宜人，是個讓人心情感到放鬆與自在的小城鎮。劍淵町主要的經濟來源為各種農業作物，早年當地居民主要以自給自足的型態生活，因此極少和外界交流，即使是北海道人也很少知道這個地方，為了改變這樣的情況，大約30年前城鎮的年輕人們提出了以「繪本」向外推廣的造鎮計畫，創立了「劍淵繪本故鄉創立會」。媒體的關注與報導也讓劍淵町以「繪本故鄉」之名，在全日本各地打出響亮的知名度，最近幾年來劍淵町更是積極地以繪本推動海外交流與觀光，其中包含泰國、台灣等地，將「劍淵溫泉繪本の里」的名聲傳播到其他國家。

有個重點是這裡「可以洗澡＋租露營地」。若要露營的話是在劍淵溫泉湖畔櫻岡度假村登記，因為是晚上到達，沒有特別的感覺，但是早上再來就不一樣了。除了有洗澡和休憩的空間以外，這裡還有提供玩具和書籍的兒童區，小孩來到這裡簡直樂不思蜀。

　　說實在話，到了晚上，營地真的無敵漆黑，露營車的營地跟一般的露營地比較不一樣，主要是差一個車子可以接電的插頭，但是每次要上個廁所都要用手機當作手電筒，爬上長長的樓梯，前往山中一間孤立的小木屋，實在太恐怖了！後來大家決定把車子開到廁所旁邊……人家說遊牧民族逐水草而居，我們只是比較依賴廁所罷了！

　　第二天早上起床令人大驚，很難形容那種想要立馬跑回去拿相機的感覺，除了一旁就是高爾夫球場，另一頭看過去正是美麗的櫻岡湖，美翻了！大家或許會很好奇這樣一晚的露營住宿價格，一台車是日幣3000，也就是約台幣1000元左右，還有提供水電等，在劍淵溫泉洗澡也只要一人500日圓，簡直就是一趟無敵超值的體驗。

劍淵溫泉繪本の里家族旅行村

地址：〒098-0341北海道上川郡劍淵町東町5173
電話：0165-34-3535
開放時間：5月上旬～10月底，入住：13:00~19:00、退住11:00。費用：含
　　　　　電源及汙水排放孔露營車營地3000/車，垃圾處理：需分類丟
　　　　　棄，廚餘垃圾需收費處理。
溫泉：大人500圓、小孩250圓，05:00～08:00、10:00～22:00（最終進場
　　　21:00）
繪本故鄉網站：www.kembuchi-kankou.com/taiwan/index.html
劍淵溫泉湖畔度假村網站：www.kenbuchi.jp/

梵谷眼中
的秋天

　　一路開了兩百多公里路，摸黑到了營地，吃過晚餐後大家就各自昏迷了，但因為剛才一路太囂張的「吃」，只好先去散步個幾分鐘消化一下再回來睡，沒想到一早太陽升起時竟然發現根本就是住在人間仙境，美翻了！接下來行程不管是到旭山動物園或是青池，甚至晚上到了富良野王子飯店的妖精森林，景色都令人沉醉了！

來北海道絕不能錯過 ────
旭山動物園

　　七月來旭川旅遊時見到當地有許多觀光情報介紹旭山動物園，可惜未能造訪，一直到十月再度來北海道周遊自由行時，特地安排旭山動物園。

　　第一站直衝人氣很高的企鵝館，有可愛的圖畫介紹館內的企鵝品種名稱，以及各品種的數量，由於有中英日文搭配圖示，外國遊客也可以看得懂。正值早上10:45第一場的企鵝餵食時間，企鵝園區內外都是滿滿的人呀！企鵝館外會貼企鵝餵食秀的時間，一日兩場，分別為早上的10:45以及下午的15:45，大約10分鐘左右。館內人員會邊餵食企鵝邊以日文解說。餵食秀跟水族館不同，不會有表演，但是能看到企鵝吃魚的模樣也挺療癒的。冬季期間（大約12月至隔年3月，以旭山動物園公告日期為主）會有企鵝遊行，積雪時企鵝們在雪地上走來走去的模樣十分可愛，吸引很多人前來觀賞。

企鵝旁邊則是海豹區，館外的看板把各品種的海豹日文名稱、身形、體重都標示出來，還有依照大小區分做成不同的看板，是很棒的教育題材。原本11:00有北極熊餵食秀，但因為在企鵝區看完餵食秀又拍攝的關係，無法趕上，還好11:30分時有海豹餵食秀（11:30為第一場，下午場時間為15:15），同樣也十分可愛呀！

　　除了企鵝、海豹，還有狐狸、北極熊、雪鴞、小貓熊、丹頂鶴以及北海道原生種的蝦夷動物（蝦夷鹿、蝦夷棕熊等），也有許多可愛的周邊商品，是大人、小孩都很適合的旅遊景點，若來道北自由行時推薦一定要來旭山動物園。

旭山動物園
地址：〒078-8205 北海道旭川市東旭川町倉沼
電話：0166-36-1104
營業時間：
09:30~17:15，16:00前入園。（2018年4月28日～2018年10月15日）
09:30~16:30，16:00前入園。（2018年10月16日～2018年11月3日）
10:30~15:30，15:00前入園。（2018年11月11日～2019年4月7日）
備註：停止開放日：2018年4月9日～27日，11月4日～11月10日，12月30
　　　日～2019年1月1日
官網：www.city.asahikawa.hokkaido.jp/asahiyamazoo/
票價：成人：820圓，國中以下孩童免費入場。

品嘗酒粕霜淇淋
高砂酒造

　　北海道旭川市的高砂酒造是從1899年開業的百年製酒廠，使用北海道好水製造許多有名的日本酒，像是用北海道大雪山雪清水釀造的國士無双，是限定名酒，店舖內也有販售各種伴手禮或是使用酒粕製成的產品。許多人來喜歡購買日本的清酒，各地區限定的商品更是叫愛酒人士無法錯過。

　　店外古色古香的風格很引人注目，一到店內時便能聞到酒粕香甜味！高砂酒造門口有供客人試飲的水，這是「國士無双」釀造時所使用的水，水質清澈乾淨，口感不錯。走道另一邊擺放了許多與酒的相關器具，或是釀造過程說明，還有歷史紀錄資料，可免費參觀。辛口風味的「上 かくじょう」大吟釀原酒是藏元限定酒，「國士無双」是一番搾的純米大吟釀酒，也是藏元限定酒，風味較中辛。瓶子十分美麗具有夏日海洋沁涼感的「純米酒 國士無双 夏生」，雖不是藏元限定酒款，也是季節限定。

　　高砂酒造會因應季節推出不同酒款，一些酒款提供試飲。除了酒以外，也有販售酒粕，可用在料理上。各式甜點像是蛋糕、長崎蛋糕、羊羹，大吟釀旭神威酒粕製作的酒饅頭，是週末才有販售且數量限定，由六福堂製造，一個143日圓（稅外）。酒饅頭外皮口感柔軟帶點淡淡酒粕的甜香，內餡是北海道美瑛產的紅豆，口感綿密、甜味高。

　　北海道き花工房的白巧克力脆餅、旭川老店製作的各式醬油也可在高砂酒造買到，其中一瓶外觀使用可愛的企鵝、北極熊圖案。而我最喜歡的是大吟釀旭神威酒粕製作的霜淇淋，早上9點至下午4點販售，一支350日圓，有淡淡的酒粕香甜味，風味清爽，即便不勝酒力的人也可以輕鬆買來吃！

高砂酒造

地址：〒070-0030 北海道旭川市宮下通17丁目

電話：0166-23-2251

營業時間：09:00-17:30

上帝打翻的顏料
青池

　　跟著導航指示前進青池的路上，目光不斷被兩旁的景象吸引著。青池本是為了防止十勝岳火山泥流蔓延，而在美瑛川建築了堤防，在進行防災工程中產生的人造池。美瑛川沿著岩壁垂直落下而形成「白鬚瀑布」，白金溫泉上游的十勝岳為源流，經過長時間而成為地下水，流經懸崖途中，以混合了鋁的狀態流進美瑛川。據說美瑛川和硫黃澤川匯流時，會產生肉眼看不到的膠體狀粒子，導致可阻擋光線散射的硫磺和石灰等成分，沉積在河床使其變成白色，再加上太陽的光線，青池的美景便誕生了。

　　池水的湛藍色澤吸引不少的觀光客前來朝聖。秋天季節來，青池不再只是夢幻的tiffany藍，一陣風吹來就像上帝不小心拿了水彩筆一揮，池水被染上了一抹秋紅，也帶入了飽和的色彩。黃、紅、藍，三色在池中較勁，好不美麗！一路走著走著到了盡頭，來到可以遠眺十勝岳之處，天空、青池、一旁火紅的秋葉美不勝收，頂著11度的低溫，拿著相機的手指頭都凍得有些僵冷，還是想要往前多走上一段路，看看是否有更美的景色等著。

青池
地址：〒071-0235北海道上川郡美瑛町白金
電話：0166-94-3355
開放時間：24小時，2014年12月起開始實施夜間點燈，基本上一年四季都
　　　　　可觀賞到青池不同的美景。
停車場：一般轎車約100台、大型巴士約10台。進入停車場後左邊是觀光巴
　　　　士專用，一般轎車要再往前開才會抵達停車場。

大地的彩虹拼布
富田農場

　　富田農場占地遼闊廣大，有各式不同主題的花田，而且都是免費參觀，怪不得每到七月花海季節，總有許多遊客慕名前往。一下車便趕緊來到倖の畑，這片薰衣草花田一共有四種品種的薰衣草（濃紫早咲、おかむらさき、ようてい、はなもいわ），隨風飄來陣陣的薰衣草香氣，浪漫又迷人。

　　除了倖の畑薰衣草田外，另一邊的「トラディショナルラベンダー畑」也是面積廣大的薰衣草花田，還可見到十勝岳連峰，地形上算是一個小山坡，所以站在走道間可以拍到彷彿置身薰衣草花海中的照片，花海間不時有蜜蜂、白蝶穿梭採花蜜，畫面十分療癒。

　　而整個富田農場除了薰衣草花田以外，最廣為人知的便是彩りの畑，有七種花卉（像是薰衣草、滿天星、罌粟、小町草、加州罌粟等）呈現出彩虹般色彩的花田，非常壯觀，花田間不同種的花朵色彩都區分得很好，站在高處還能看到遠處的山、田野與房舍。

　　「花人の畑」由球根三色菫、萬壽菊為主，以四季的花卉為主題，是白色、黃色、桃紅色、紅色、橘色的花田。另一「秋の彩りの畑」則是十一種不同顏色的花，分別在六月上旬至十月中旬中綻放，有黃色、白色、紅色、粉紅色、橘色、藍色等花卉，色調較深。

　　富田農場內有設立餐廳和簡單的輕食販賣部，分散在農場各處，不會日文也不用擔心，因為菜單上都有圖片可供參考。我們來到靠近倖の畑的Café René，找到可看到薰衣草花田的景觀座位。點了咖哩飯、馬鈴薯當午餐，配料就是美麗的薰衣草花海。咖哩香氣充滿了家常味，炸可樂餅內的馬鈴薯鬆軟可口，沾到奶油的部分更是讓好吃加分，果然

來北海道就是要吃馬鈴薯呀！充滿薰衣草色的夢幻飲料可爾必思沒有薰衣草味道，而農場內販售的薰衣草與哈密瓜霜淇淋，雖然顏色鮮豔，香料味較重，不是很合口味。

薰衣草花海資訊
倖の畑開花期：6月下旬～8月上旬／滿開期：7月上旬～中旬
トラディショナルラベンダー畑開花期：6月下旬～8月上旬／滿開期：7月中旬～中旬
彩色花海
彩りの畑開花期：7月上旬～下旬／滿開期：7月中旬～下旬
花人の畑開花期：5月上旬～10月上旬／滿開期：7月上旬～9月下旬
秋の彩りの畑開花期：6月上旬～10月上旬／滿開期：7月上旬～9月下旬

富田農場（ファーム富田）
地址：〒071-0704 北海道空知郡中富良野町基線北15號
電話：0167-39-3939
網站：www.farm-tomita.co.jp/cn/

讓人捨不得離開 ————————————————
新富良野王子飯店

　　新富良野王子飯店是旅遊北海道不能錯過的飯店，提供高爾夫球、登山纜車、妖精森林、風之花園等設施讓住客可以利用遊玩，更特別的是可以在晚餐享用到滿滿的螃蟹吃到飽，早餐還提供了可以自己組合的海鮮丼。

　　每一間日本王子飯店都有個獨特的泡湯景觀，新富良野王子飯店除了提供很多池的湯池、桑拿溫室以外，露天溫泉還可以抬頭仰望星空，在秋天泡湯同時可以賞楓。

　　就算開露營車來玩，也不能錯過享受飯店的樂趣，立馬拿著地圖在晚餐前來去尋寶！一樓不能錯過的就是提供免稅服務的商店，這是機

場的規模吧！包括白色戀人、Rocyce巧克力、六花亭、薯條三兄弟、清酒、泡麵、零食、果醬……應有盡有，讓人流連忘返。.

　　新富良野王子飯店除了設施很多以外，外頭還有個妖精森林，有15間風格不同的小木屋，可以靜靜地走逛在森林之中，穿梭在每棟小屋尋覓職人帶給你的感動，缺少購物慾的朋友也能在樹與小屋間尋找到最美的拍照角度。

　　在王子飯店裡有三種餐廳的選擇，日式套餐、西式套餐、自助餐，自助餐供應長腳蟹吃到飽，所以餐期很夯，一定要先預約用餐的時間。

　　畢竟是開著露營車旅行，當然要趁著住宿把所有的衣服洗乾淨，接著將路上買的酒拿來慢慢地喝。等到可以去泡湯後，也接近了午夜了，瞬間覺得把飯店的設施都利用完了。

　　因應大量的人潮，有兩個餐廳同時供應早餐，與一般飯店不同的是這裡的牛奶是提供小瓶裝的鮮乳，超級濃郁，來到北海道不喝一杯真的是太可惜了！

　　飯後搭乘富良野纜車來一趟高空的賞楓之旅，是最適合不過的飯後運動了，更別說周遭還有風之庭園可以去走走呢！

新富良野王子飯店
地址：〒076-8511 北海道富良野市中御料
電話：0167-22-1111
官網：www.princehotels.com/newfurano/zh-tw/

拜訪森林中
的精靈小屋

　　用過早餐後，體驗了在富良野纜車上高空賞楓，富良野的秋天簡直就像自然系油畫般美翻了！任由橘紅黃顏料灑滿了大地，也讓大家貪戀美色捨不得離開，最後才依依不捨地前往小樽。但一走進民宿，那深夜食堂般的廚房，令人眼睛一亮，立馬衝出去買菜，回來餐桌一擺，連起司鍋及味噌烤麻糬都做出來了，這趟露營車之旅真的沒極限！

會有精靈出現嗎？
妖精森林

　　妖精森林或稱ニングルテラス（Ningle Terrace），就是新富良野王子飯店的森林購物區。會講中文的客服人員殷勤地介紹周邊可以消磨時間的地點，並表示晚餐的團客過多導致餐期已滿的歉意，同時在地圖上標註營業時間與建議，我們討論後就決定來去森林小屋走走！

　　妖精森林，非常推薦楓葉爭霸的秋天來，還有白雪覆蓋的冬天，像極了童話故事般的場景，有種小型合掌村的美感，卻少了熙來攘往的嘈雜。你可以靜靜悠悠地走在森林之中，穿梭在每棟小屋尋覓職人帶來的感動，缺少購物慾望的朋友也能在樹與小屋間尋找最美的拍照角度。這裡有充滿暖意的手作、讓人喝一杯的咖啡館，更有偶像劇拍攝取材的景點，一踏入就忍不住愛上它了。

　　在涼意甚濃的夜晚，漫步於燈光縈繞的浪漫氛圍中，幸福感油然而生，而這一切只是新富良野王子飯店提供給住客眾多的設施之一，舒適又人性化的設計，讓人捨不得離開前往下一個景點。

童話般的森林
風之花園

　　風之花園位在新富良野飯店裡，基本上任何人都可以從售票處購票搭接駁車前往，只是一般觀光客可能不會為了逛花園特地跑上一趟。

　　但是初次來到風之花園時，會覺得似乎和官網上的照片有些不同，當然，現在可是秋天！雖然百花不齊放，但置身在一片黃紅的森林之中，頗有漫步童話森林的愜意。下了接駁車後我們先不趕著進入花園賞花，目光被路口前火紅的楓樹給吸引，也太美了吧！它一樹獨秀地矗立在花園當前，少了爭先恐後的人聲打擾，有一種遺世獨立的美感。這也是後來我們總是在秋季前往日本東北或者是人煙稀少的地點賞楓的原因，只有干擾的因素消除了，才能感受當下的美好。

　　本來以為只是一間花園咖啡廳就結束了，抬頭卻被前方的黃綠吸引了目光，原來花園別有洞天啊！往前走還有一小片的薔薇林，在10度不到的氣候下漫步，真是舒服極了，如果沒行程或時間牽絆，感覺可以一直慢慢走下去、享受難得的閒情逸致。

　　沒想到，臨走時發現門口竟然有笑笑羊啊！這混種的羊有著逗趣的黑臉與黑腳稱為薩福克羊，北海道有些地方可是有供應這品種的羊肉呢！風之花園很適合早晨短暫的散步，停留時間雖短，回憶卻永存於心，相信這也是旅行的美好之處吧。

期間限定的秋意

富良野纜車

　　由新富良野飯店經營的纜車，只有在6月底到10月中開放營運，時間來的巧就可以從纜車上一覽楓紅景象，屬於東北亞的秋季色彩。

　　吃過早餐，伸了伸懶腰往纜車的方向前進，才一走出有暖氣籠罩的飯店門口，一股冷風吹得人直打哆嗦，雙手拉緊衣領低頭前進不久後，一個抬頭：「哇～也太美了！」眼前的秋色讓人差點忘記是要去搭纜車的，大夥一邊按下快門，一邊告別了美麗的妖精森林。

隨著緩緩啟動上升的纜車，明明就已經站在景觀第一排，卻像什麼都不想錯過的貪心鬼般東張西望，還好時間尚早沒什麼客人，才讓我們有了捕捉畫面的機會，不然光卡位都來不及了！

　　到了山上頂著零度的天氣，說真的，當下心想的就是「好想下山穿外套」！站在寒風刺骨中真是一大考驗，除了冷還是濕冷。我們迅速拍好照，進入纜車內準備下山，光是在纜車上的6分鐘賞楓時光就已足夠，與自然合一的風景才是極致。

新鮮食材製作的美味之屋
富良野起司工房

　　話說，會來這裡還真的是意外的發現。昨天在富良野王子飯店住宿時，我們在大廳聊天，剛好看到電視上出現這個景點，就想順路去看看吧！沒想到意外地挖到寶了，這裡不僅可以買到新鮮製作的起司，享用窯烤的手工披薩，更有口味特別的手工冰淇淋。

　　富良野起司工房、Ice Milk義式冰淇淋工房與富良野手工體驗工房都位於起司公園內。在富良野起司工房裡可以參觀起司的製作過程與試吃以富良野鮮乳所製成的美味起司，它附設的手工體驗工房提供製作起司、奶油、冰淇淋……等體驗課程。二樓除了起司賣場以外，還有一隻牛，你可以投個100元體驗擠牛奶的感覺！另外還有介紹起司應用在世界各地的料理方式。因緣際會來到這裡，不僅可以買到美味的起司、品嚐美味的披薩，甚至還有手工冰淇淋，真的很超值。

　　另外，Ice Milk義式冰淇淋工房，以富良野農產品製成的多種口味冰淇淋也很特別。

　　到訪時正逢中午時刻，不如就先來用午餐吧！點餐方式是自行到販賣機購買餐券，在外頭等候的時候，聞到食物味道真的會讓人感到飢腸轆轆！不愧是起司工房，起司給的又多又濃。除了美味的披薩屋也別忘了一嚐手工冰淇淋，除了哈密瓜口味，還有南瓜與玉米口味。

富良野チーズ工房
地址：〒076-0013北海道富良野市中五區
電話：0167-23-1156
營業時間：4月～10月 09:00～17:00，11月～3月 09:00～16:00，元旦期間
　　　　　12/31～1/3為休館日。
網站：www.furanotourism.com

品飲現榨啤酒
札幌Sapporo啤酒博物館

　　札幌啤酒博物館於1987年開放至今，一直是許多人來到札幌必去的景點之一，附近還有一間成吉思汗烤肉店，很多人會將這兩個行程串在一起。如果不吃烤肉的話，這個札幌啤酒博物館是免費參觀的，大約停留一小時左右就可以，這裡也有提供Sapporo啤酒的餐廳。

　　札幌啤酒博物館的外型是知名的紅磚建築，最受矚目的就是高聳的煙囪造型，上面還印著紅色的五角星星，這個星星有兩種意思，一是和時計台一樣，表示源自開拓使的象徵，後來用來申請當作啤酒的商標，因此又多了另一種意涵。

　　參觀方式分成付費或不需要付費兩種，建議大家可以選擇免費參觀，因為大部分的人應該沒有興趣特別花個500圓來趟日文或英文解說導覽，雖然也可以憑入場券換兩杯酒，但何不直接把錢拿去買酒呢？

　　搭電梯來到三樓，展場內幾乎都有提供中文的解說看板，沿路慢慢逛到二樓，有三寶樂啤酒製造歷史和140年來所做的廣告、代言的明星等等，更可以看到超大的蒸餾桶，一樓有啤酒品酩區可以購買啤酒，或是到商品區挑選喜愛的產品。一樓賣場的商品比想像中的多！除了啤酒，還有一些周邊商品如巧克力、毛巾、圍裙等，以及冰淇淋，不過啤酒幾乎在北海道的超市都可以購買得到，不需在這裡扛。

　　必須說這裡現榨的啤酒口感真的和超商賣的罐裝啤酒不一樣啊！來到北海道之後，走過余市蒸餾所，現在又來到Sapporo啤酒工廠，這趟旅行一切都完美了！（真的是酒鬼無誤！）

札幌Sapporo啤酒博物館
地址：〒065-0007北海道札幌市東區北七条東9-1-1
電話：0120-150-550
營業時間：09:00~18:00，關門前半小時停止入場，啤酒試飲至下午17:00。
　　　　　12/30~1/4、周一休，遇節日則隔日休，2月、7~9月無休。
官網：www.sapporo-bier-garten.jp/global/chinese_fan.html

有深夜食堂廚房的民宿 ——————————————
life house ippo

　　誰說開露營車就不能住民宿，難道不能任性一下嗎？這間民宿距離小樽站步行約10分鐘，5分鐘就能走到便利商店、超市，生活機能相當方便，一層共有三間房間，分成四人房、上下舖、和式等不同的房型，這間一共有八張床位，最多可以住10人。廁所浴室是分開的，超開心的是還有提供洗衣機及晾衣區。房間雖然不大，但是有一個客廳，是最令人開心的事。廚房裡有冰箱、微波爐、洗衣機、電暖器，是非常方便的住宿選擇。

　　也因為廚房提供的設備相當齊全，讓本來不想煮飯的一群人瞬間改變心意，跑去超市買菜，並且搭配下酒菜，好好地喝一杯，這一桌還算豐富的晚餐，吃不完還可以打包當作隔天的晚餐。

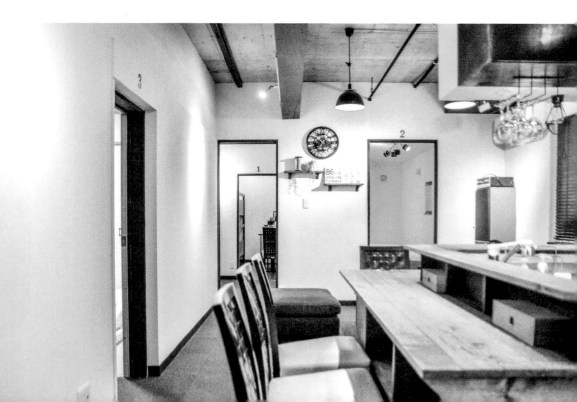

　　民宿的一樓是拉麵店，辦理入住手續很簡單，到拉麵店找員工登記拿鑰匙就可以上樓了。因為是在二樓，樓梯空間不大也沒有電梯，如果自駕的話建議拿要換洗的衣物就好，其他放車上，否則上下樓梯被自己的行李絆倒應該會很想哭。

　　話說雖然露營車住得挺習慣，但畢竟空間有限，無法在車內來個360度大迴旋，雙腳掛牆抬個腳，在10多天的旅行中去飯店和民宿住個幾天，讓身體好好的伸展放鬆一下，反正橫豎都比天天住旅館還要便宜啊！

life house ippo
地址：〒047-0031北海道小樽市色內通1-7-7
電話：0134-32-0140
備註：入住時間為15:00 - 20:00，10:00前退房。有設停車位，樓下一樓是
　　　拉麵店。

世界第一的
威士忌在這裡

　　我們一大半的人都是第一次來到小樽～約好集合時間後，有人去製作音樂盒，有人雙手提滿戰利品，也有人一路吃不停。抵達天狗山後，繼續秋天賞楓活動，沒人比我們更幸福了，雖然後來下起雨來，但到了余市，有威士忌可以喝，哪還會冷啊！冷的是那種買不到戰利品的心靈空虛感。

歷史風味濃厚
海鳴樓

在充滿歷史與西洋風味的小樽街道走逛時，見到了這間以音樂盒為主的海鳴樓，它的原身是1893年舊第百十三国立銀行小樽支店，非常具有歷史性。原本只打算隨意逛逛，卻發現可以自己製作獨一無二的音樂盒，於是便決定體驗一番。

無論是傑尼斯團體SMAP、V6、嵐或是中島美嘉、平井堅或是各種經典懷舊西洋音樂老歌、卡通歌曲、吉卜力卡通主題歌，在海鳴樓都可以找到。首先先挑選喜歡的音樂，接著是盒子，從透明壓克力盒到木盒都有，樣式、大小都不同，最後再挑選上方的裝飾品，光是找喜歡的搭配就很可能要花上一段時間了。飾品有各種材質與顏色選好後，接下來交由店員帶領去另一區域黏貼製作。

黏貼不困難，照著中文說明書將兩種膠混合後，使用牙籤將混合好的膠塗在飾品上方，擺放在喜歡的位置上，待乾後就可以。黏貼後記得將音樂盒帶去結帳與包裝，價格計算方式是將音樂、外盒與裝飾品的價格加總（還能退稅），當時做了三個，印象中退稅後是日幣6,800多圓。

女兒挑選了她最愛的《冰雪奇緣》中，小時候妹妹安娜對姊姊艾莎所唱的〈Do You Want to Build a Snowman〉做為音樂盒的音樂。而我則選了最喜歡的宮崎駿作品《龍貓》中的歌曲〈風のとおり道〉（風的通道）搭配橡實、假草地、花朵、小鳥，來營造出森林感。另外挑選了《神隱少女》中的歌曲〈いつも何度〉（永遠常在），因為白龍是河神，所以搭配充滿海洋感的配色與貝殼，將這音樂盒送給同樣喜愛宮崎駿作品的好友。

從挑選到製作需要約莫一小時到一小時半的時間，依照每個人的挑選時間與製作大小，速度會有些不同，但是這樣的禮物很適合送給自己或是重要的人，非常具有紀念意義，也很適合帶年紀大一點的孩子們來體驗。

海鳴樓

地址：〒047-0027 北海道小樽市堺町1-20
電話：0134-23-6505
營業時間：09:00～21:00（冬季到19：00）
網站：www.kaimeiro.com

天狗山

　　天狗山是小樽的代表，也是米其林一星的景點，從市區開車約15分鐘即可抵達。因為搭配了KKday「米其林一星景點」小樽天狗山空中纜車＋天狗亭餐廳午間套餐組合，只花台幣500多可以吃飽加一趟纜車之旅，超級划算。

　　先到了小樽運河逛了一下後，順著導航的指示沿路尋覓著上山，在這個入秋後天涼綠意轉紅的季節，還未到天狗山，就已經被一路上的景色給吸引住，可惜的是陰雨綿綿帶來寒意，但也呈現了另一種山嵐繞峰的意境。知名的景點也有人超多的缺點，一團團的旅行團帶來了吵鬧的人聲，但也認證了「高人氣」的事實。我們先在天狗亭用餐，接著乘坐可容納30人的空中纜車，約4分鐘可抵達山頂。登高眺望宛如微型花園的市區、小樽灣、石狩灣，「天氣晴朗」時還能遠眺暑寒別連峰及積丹半島，這裡也是北海道海拔最高的三大夜景之一。

購買「鹽烤花魚石狩鍋套餐」，店家還會給一張纜車來回票與商店消費的折扣券。餐點還提供烏龍麵、青菜、醃漬小菜等吃到飽的服務，一條頗大的烤花魚，平常在台灣一尾要200多台幣，再加上一份當地物產小火鍋，中餐這樣吃已經超級飽了。纜車的票價來回1140日圓，兩者加起來在KKday只要549台幣，CP值超級高，真心推薦給大家！

抵達天狗山頂後，看到被秋意圍繞的公園有溜滑梯，兩個小孩眼睛直發亮，也不管溜滑梯是不是濕的，就去洗屁屁了，還好商店有供暖氣。在公園的一旁還有個傳說中摸鼻子願望會成真的天狗鼻與天狗神社，大夥當然卯足了氣力狂摸猛摸，有夠認真的！

供應暖氣的商店不但可以買到天狗的相關商品也是一間景觀餐廳，可以隔著玻璃看著每12分鐘起降的纜車。在餐廳上頭還有個展望台，但秋天又陰雨的日子，在上頭拍照 5 分鐘，雙手就已經僵冷到不行，趕緊回到餐廳取暖。

一旁還有個小型的展覽室，可以看到天皇的滑雪裝備與滿滿的天狗收藏，但膽小的人跟密集恐懼症者進入前請三思吧。

每12分鐘的纜車一藍一紅交替上下，一班可以乘載30人，想要拍到第一排的風景就是「等待」，跳過跟團的群眾，默默地排隊等待下一班纜車，站在最前頭拍攝，滿滿的楓景就是你的囉！

天狗山
地址：〒047-0023 北海道小樽市最上2-16 - 15
電話：0134-33-7381
運行期間：11/25-12/8 09:24~21:00，12/9-3/25 09:00~21:00
票價：來回大人：1200圓，小孩600圓。
官網：tenguyama.ckk.chuo-bus.co.jp/

威士忌免費試飲
余市蒸餾所

　　說到日本的威士忌，就不能錯過北海道的余市。之前NHK電視台播放的《阿政與愛莉》連續劇，劇中主角就是余市酒廠的創辦人竹鶴政孝，常常在台灣聽到有些愛好威士忌的友人搶購與囤積余市的威士忌。來到余市蒸餾所不僅可以參觀威士忌的釀造過程，更可以品嘗純正風味的威士忌，更可以買到限量商品，還有威士忌生巧克力以及威士忌巧克力，更別說滿滿的威士忌商品了，讓人有不虛此行的滿足感。

　　在櫃檯登記後就可以入內免費參觀，但是會詢問誰是駕駛人，日本對於「開車不喝酒」這一項可是嚴格管控的。若開車前來，對面的停車場要收費，可以繞到廠後再走過來。

　　走進酒廠，除了不同於一般清酒場那種木造的屋舍令人驚豔以外，還有在空氣中飄散的威士忌酒香，少了一股清酒的甜味，卻多了一分醉人的氣息。

　　服務台提供了參觀地圖，每一個廠區都有清楚標示釀酒的步驟，並設有大量的解說看板，還提供拍照區，並且開放參觀創辦人居住的房子，不過只有客廳部分有點可惜。進入了這個由威士忌堆造的世界之後，突然覺得這位來自清酒世家的後代也太勇敢了！不僅作風前衛地娶了蘇格蘭籍的妻子，竟然還在日本釀造威士忌，真的是傳奇人物。

　　除了導覽威士忌的知識以外，余市蒸餾所也提供免費威士忌的試飲，只要填寫相關的資料，就可以上樓免費領取三杯酒，包含竹賀、思博日果威士忌，還有起家酒——蘋果酒，一旁有冰塊與蘇打水，更有專人教導調酒的方式，也可以自費品味更多種類的威士忌。

　　當然別錯過了位在一樓的賣場囉！不僅有威士忌、蘋果酒、蘋果汁，還有滿滿的巧克力，新鮮新奇又好買，荷包君來到這裡簡直都要破產了。殘念的是，回台灣才看到《阿政與愛莉》這齣戲，沒有喝到主人翁為了資金周轉而開賣的蘋果汁啊！

余市蒸餾所
地址：〒046-0003 北海道余市郡余市町黑川町7-6
電話：0135-23-3131
營業時間：9:00～17:00
官方網站：www.nikka.com/distilleries/yoichi/

泡美人湯
昆布川溫泉幽泉閣

　　幽泉閣溫泉以含有大量碳酸氫根離子的鹼金屬碳酸氫鹽的美人湯聞名，號稱洗完能讓皮膚更加光滑，對消除疲勞有幫助。

　　位在二市谷地區的幽泉閣自創業以來，由蘭越町負責營運已經有半世紀以上的歷史，溫泉的設施種類也相對多一些，包含深湯、淺湯、室內和戶外浴池，以及乾濕分離的桑拿設施；除此之外，大廳還有一個對應無障礙的家庭浴池，提供預約使用。

　　這裡除了日歸溫泉外，也提供住宿與餐食，溫泉大廳入口處就陳列著當地盛產的蔬菜及熱銷的白米。來這裡泡湯還能兼填飽肚子及買菜，算是一舉數得。

昆布川溫泉幽泉閣
地址：〒048-1302 北海道磯谷郡蘭越昆布町114-5
電話：0136-58-2131
營業時間：10:00~21:30（週一12:00開始），全年無休。
泡湯費用：大人500圓、小孩300圓
官網：www.town.rankoshi.hokkaido.jp/yuusenkaku/

函館百萬夜景
帶來的絕讚感動

　　這一趟旅行最幸福的，就是一路上吃的都沒有遇到地雷，另外每天睡在休息站醒來都是滿滿的驚喜。早餐在黑松休息站吃得超滿足，又在往函館的途中遇到駒岳牛乳公司開的冰淇淋店，也太強運了吧！強到下雨都不敢在路上逗留，怕被雷打到，今天晚上就用函館山的百萬夜景做為結束吧！

有好吃麵包的休息站
黑松內町休息站

　　黑松內町休息站位於札幌和函館中間，裡面附設一個麵包坊及披薩工房，使用的是百分百的北海道產小麥，以及來自黑松內町的銘水「水彩の森」的水所製作的健康麵包。

　　無法掌控的天氣往往是旅行中的意外，昨日一整天下著大雨，在路上行駛時小孩已經累到兩眼無神又喊餓，泡完溫泉後，我們決定更改睡覺的營地，提早到休息站。

　　第二天在休息站醒來後，才發現昨晚入住的地方原來是個寶地，九點麵包店大門一開，發現裡面不只有麵包，還有當地物產、農家商品，而第一排的座位視野相當好，可以看到一片楓紅的高爾夫球場，讓人有意外的驚喜。

　　好不容易等到了休息站開門：「這也太美了吧！」簡直就是景觀餐廳來著。而一旁的商品區陸續上架，有北海道產的牛肉、內臟，可以買回去燒烤用，但是想到冰箱早就堆了滿滿的零食和酒水，最後只買了一瓶烤肉醬。不得說烤肉醬的滋味真是棒，可惜因為要冷藏，加上行李么壽多，所以只好放棄將剩下的烤肉醬帶回台灣的念頭。想起加了蕨餅的麵包軟Q兼具的口感，還是格外懷念，當時恨不得自己有50個胃，可以秒殺這些可口的麵包。

道の駅 くろまつない
地址：〒048-0134北海道壽都郡黑松內町白井川8-10
電話：0136-71-2222
營業時間：09:00~18:00（4~10月）、09:00~17:00（11~3月），11~3月第二
　　　　　和第四個週二休，遇假日則隔日休。

設施齊全的多功能營地
噴火灣景觀公園

　　原本當天的計畫就是要來這一個休息站入住的，不過因為太累選在黑松內町先睡下了，結果因為旅遊的路線關係還是來到這裡了，這個集合了規劃完善的汽車露營地、飛盤高爾夫球場、多功能遊樂場，適合大人小孩活動的大型設施、八雲町情報交流物產館，大約600項的當地特產，全年營業（不包括元旦假期）、大片草地可以野餐、提供餐點的休息站、果園等多功能的公園，可以消磨一整天的時間。除了在戶外跑跳，下雨天時小孩們也可以在室內的遊戲區消耗旺盛的精力。這些遊樂設施都是免費的，所以很多家長買杯飲料坐在一旁，悠閒的看小孩在裡頭爬上爬下了，甚至還有球池與三輪車可以使用。

　　這不僅是個多功能的汽車露營地，並有一個大型的食堂與販賣地方物產的商店，可供盡情的購物，販賣機也提供了一些方便食用的零食，例如爆米花和泡麵等。食堂販賣一些簡單的點心和白色戀人冰淇淋，還有當地物產的專賣店，可以買到一些蔬果還有當地產的北海道米，甚至有一些手作麵包小點，讓旅人可以外帶在路上吃。草坪乾淨到可以直接翻滾，也因為實在讓小孩太嗨了，竟然玩到都不想走，之後的幾天還要求要滾草皮，真的太誇張了！

噴火湾パノラマパーク

地址：〒049-3124 北海道二海郡八雲町浜松368－8
電話：0137-65-6030
營業時間：10：00～18：00
官網：www.panorama.town.yakumo.hokkaido.jp/

好吃到流淚
駒岳牛奶冰淇淋工房

　　有時候旅行也要靠一點運氣的！像這家店就是我們在開往下一個目的地時，眼角餘光突然瞄到的。

　　一個冰淇淋的符號，加上店的外觀好像不錯，詢問大家都沒異議後就轉進來，一看到招牌頓時有種異常興奮的感覺。

　　這是著名的牛奶品牌駒岳牛乳所開設的冰淇淋店，不僅可以品嘗到美味的冰淇淋，還提供了約20種的冰淇淋選擇，更有每日特選，不管是駒岳控還是冰淇淋控，來到這裡都不會失望！每個人站在冰櫃前一時不知道該如何選，甚至有人一次吃四球。

　　駒岳牛乳市面上未必買得到，這裡還有大瓶的牛奶，另外還有牛奶糖、馬卡龍等周邊商品。當時點選了焦糖配汽水的組合，濃郁的南瓜和紫芋是台灣少見的口味，還有清香的抹茶以及甜味較高、適合小孩的奶油布蕾，冰淇淋口感綿密並帶有冰晶感，吃起來十分清爽！小孩點的芝麻口味，也是吃到一直想要續杯，這家好吃到流淚的冰淇淋讓旅途增添了難忘的回憶。

ピカタの森アイス工房

地址：〒049-2142 北海道茅部郡森町赤井川81-3
電話：0137-45-2323
營業時間：09:00~17:30，不定休。
官網：www.pikatanomori.com/

一生一定要來一次 ————

函館山百萬夜景

　　相信人的一生中，總會有幾個想要前往的朝聖地，提到北海道，最想要看的就是號稱世界三大夜景，更是日本人口中「百萬石夜景」的函館山夜景。

　　金森紅磚倉庫和函館山的夜景，是許多人初到函館會特地前往的旅遊景點，常聽人說起函館山夜景的美名，為了一探究竟，哪怕是晚餐沒吃，也不想錯過上山欣賞晚霞與夜景。

　　函館山可以開車、搭纜車或是搭乘公車上去，纜車與開車是最推薦的方式，但要注意纜車會因氣候關係而變動運行狀況，開車則要注意是否交通管制，又或者冬季（11月下旬至隔年4月中旬）時。道路會封閉禁止行駛與搭乘巴士。

雖然我們正好碰到上山交通時段管制與纜車停駛，但仍無法阻擋想一睹日本三大夜景之一的決心，所以排隊搭乘巴士上山，從上車開始就感受到滿滿的人潮，可見函館山夜景的魅力。

　　函館山的陸連島地形，使得函館看起來就像是魷魚一樣，終於如願站在觀景台上便能深切感受為什麼這麼多人要特地上山看夜景，因為橘色、紅色、綠色、白色的燈火交錯閃爍著，搭配尚未全轉暗的天色，帶點紫色、藍色的天空，彷彿是閃閃發亮的寶石，好美！

從函館山纜車往展望台
地址：〒040-0054 北海道函館市元町19-7（纜車搭乘處）
電話：0138-23-6288
開館時間：10:00～22:00（10/16～4/24 10:00~21:00）

交通
(1) 開車：11月下旬至隔年4月中旬為冬季登山道封閉期間，無法通行。另外交通管制時間為 4-9月 17:00～22:00，10-11月 16:00～21:00。自駕的遊客：11月～4月禁止上山，夏季則因為車流大，再加上當地的居民，停車位有限，日落後（17:00~22:00）也會進行交通管制，所以建議還是搭乘大眾交通工具最好。
(2) 纜車：搭乘電車至十字街站，10分鐘路程抵達纜車入口站，搭乘纜車3分鐘便能抵達山頂站。
　　市電費用日幣210，纜車成人票價單程780圓、來回1280圓，兒童單程390圓、來回640圓，未滿三歲者免費。
　　4/25-10/15：首班車為10:00，上行末班車 21:50，下行末班車 22:00。
　　10/16-4/25：首班車為10:00，上行末班車 20:50，下行末班車21:00。
(3) 巴士：JR函館站搭函館登山巴士，車資400圓，約30分鐘。
　　網站：www.hakodate.travel/cht/information/mt-hakodate.html

幸運小丑漢堡店

　　幸運小丑漢堡在函館，就像丹丹漢堡在高雄一般，是地區限定的美食！只是小丑漢堡更添加了「主題餐廳」及「周邊商品」的元素，便宜、划算、大分量，這三大元素讓它成為不管是當地人聚餐或者是觀光客朝聖，都會來的餐廳之一。話說我們還沒來北海道前，臉書常常被朋友洗版，頻率最高的就是這家餐點，那有著濃郁起司的薯條推薦必點，是在冬天裡最溫暖人心的慰藉。

　　每一家店的裝潢色都不一樣，去到每一個點，都有一種驚喜的感覺，就算同樣都是吃小丑漢堡，打卡的照片也不同，就是有趣！另外，大家餐點不要隨便亂點，上次眼睜睜地看著友人吃完一份蛋包飯就翻肚了。

　　可以看一下價格，一點都不貴，對於物價相對高的日本，這樣分量十足的餐點，走的是平價市場的路線，所以也有不少學生族群到小丑漢堡聚會，就像台灣的麥當勞及肯德基一般。

　　另外每家小丑漢堡的營業時間也不盡相同，前往之前還是看一下官網，離投宿飯店最近的地方營業到幾點，才不會撲空。

　　說實在的，小丑漢堡的點餐櫃檯有一點像咱們的連鎖早餐店。一旁還有超級多的自家周邊商品，很適合愛買、有收集癖好的朋友前來。

　　這裡有一個特色就是餐點現點現做，點好餐後拿號碼牌到座位，還會有專人送餐，是不是很貼心呢！

　　套餐有薯條、飲料和漢堡，分量不小，大份的炸雞＆蛋包飯，一整個就是讓人無法招架的分量。吃完整體的感覺就是味道還不錯、么壽飽而飲料和包裝上有小丑漢堡的logo，打卡有這畫面就是潮啊！

幸運小丑漢堡
地址：〒040-0001 北海道函館市五棱郭町30-14
電話：0138-55-4424
營業時間：10:00~00:30（週六至01：30）
官網：www.luckypierrot.jp/（有各分店地址）

五星級營地
白石公園函館汽車營地

　　白石公園函館汽車營地距離函館山、教堂、海灣及紅磚倉庫群、函館市區約30分鐘車程，屬於高標準的汽車營地，可容納450人，還有洗衣、烘衣機、垃圾分類桶、衛浴設備等等。

　　1999年7月，白石公園汽車營地成為函館市營的第一個營地，園內行政大樓內有販售酒類、泡麵、飲料、糖果、冰淇淋、冷凍食品等等日用品，白天有行政人員負責辦理入住及退宿手續，晚上下班後則是警衛駐紮，定時巡視園區。另外還有兩棟衛浴設備，A棟設有投幣式洗衣機4台、淋浴間、洗手間及多功能休息室，B棟則是有共同的廚房流理台、洗手間、多用途衛生間及自動售貨機。園區內還有小孩專用的遊戲區、盪鞦韆、槌球場等遊樂設施。

住宿的話，在這裡露營更有小木屋的選擇，所有的露營用品都可以進行租借，除了露營用品以外，還有電鍋、小孩的玩具等用品。在小木屋登記處也可以購買到簡單的食材、冰淇淋，提供露營的相關資訊，在設備上相當完善。進到營區內有柵欄管制，晚上10點就無法進出，那天我們跑出去進行柏青哥初體驗，結果太晚了無法進到內部，只好停在外圍的停車場，哭哭。

　　說真的，以往都是住飯店，這次開著露營車，真的有驚豔到！尤其是以往在台灣露營很難會有廣大的空間，頂多自己的營位美觀就不錯了，來到日本露營地不僅有車位，還提供了超大休憩空間，甚至有蔬果洗滌區、公共廁所、垃圾收集區、炭火收集區、洗烘衣機、公共廁所、公共衛浴、圖書館、遊戲場。提供的設施比想像中的還多，總之住進來就對了。

　　我們入住的六人小木屋，提供了一房一客廳的空間，還有廁所與廚房，雖然房間有煤油暖爐，不過對於怕冷的朋友來說，最好還是準備一些毛毯比較好，大家可能會問為何不睡床上？因為感覺睡了會過敏，加上空間窄小還要爬上閣樓太累了，不如直接睡地板。

　　超大的綠地已經夠讓小孩奔跑了，早上可以在營地走走當作晨間運動，還可以在槌球場運動，是不是太棒了？下次出門到日本旅行不妨也考慮飯店以外的選擇吧！

白石公園函館汽車營地
地址：〒041-0265 北海道函館市函館町208
電話：0120-54-6145
開放時間：4月下旬～10月底，13：00～17：00入宿，11:00前退宿，汽車
　　　　　閘門開放時間：7：00～22：00
費用：六人小木屋含浴室，一棟14000圓。
官網：wwwshiroishi-park.hakodate.jp/

登上五稜郭塔，
俯瞰函館市

一早順路去了間函館雜貨店，接著到金森紅磚倉庫逛逛，這些地方都太勸敗了，說好的省錢旅行呢？有一種走到哪錢包都被搶劫的感覺。幸好成功登上函館五稜郭塔，一年四季都有不同感覺的五稜郭，真心推薦大家一定要來，我們的目標就是春夏秋冬的集合照！

少女心噴發
函館雜貨屋Season

「如果有空的話，可不可以順路繞到一家雜貨店逛逛嗎？」

當時真的不該答應這樣的要求，以為就是一家普通的雜貨店，殊不知裡頭別有洞天。不過是港口邊的一間小木屋，頭一探進去的同時，大夥像是被吸進了黑洞一般，走不出來！

店家所在的位置在谷歌上標示得並不是那麼容易找到，畢竟藏在住宅區之中，下了車後拿了手機顯示的相對位置走去，看到店家的名字，喔喔～找到了耶！

　　走進去後，用著自己最會唸的那句日文詢問老闆是否可以拍攝後，大家狂拍了起來，超多可愛的小擺飾和商品讓每個人的內心開始上演小劇場，「這搭配什麼很好看」，「如果煮什麼的話有它搭配就好了」，「你不覺得這拍照擺飾超可愛的嗎？」一邊逛一邊喊卡哇伊！

　　在這個景氣不好的年代買東西一定要搭上「實用」兩字，但不管是廚房用品還是衛浴用品，每一樣看起來都超級無敵「實用」的！這裡的空間僅供一人穿梭，但被老闆巧妙地以商品布置成四個區域，有小配件房間、不凋花擺飾物、車牌背包物件、少女服飾配件區，彷彿走進了大賣場一般。

　　怕買太多錢帶不夠，沒關係，這家店有提供刷卡服務，並且將每一個配件都包裝得相當穩固，讓人可以安心地打包進行李箱，由此也可看出老闆的細心，喜歡日雜小物的你，如果有機會到函館，一定要來這裡逛逛。

雜貨屋シーズン
地址：〒042-0952 北海道函館市高松町332-10
電話：0138-57-7027
營業時間：10:00~17:00，週一及週四公休。

一年四季皆有不同美景
五稜郭塔

　　從上頭的瞭望台可以遙望函館山和津輕海峽，還有那特別的星形史蹟五稜郭，一樓除了售票櫃檯還有販賣商品及飲料，更與豐天商店合作推出了具有紀念價值的環保袋，還有一區特別的新幹線相關商品，對於火車迷來說也是個可以尋寶的地方。

　　二樓則有四季海鮮「旬花」餐廳、五島軒函館咖哩EXPRESS、MILKISSIMO冰淇淋店和函館GELATO等餐廳，90公尺高的展望台，除了可以一覽五稜郭與函館的美麗街道，更可以在歷史迴廊了解過往的歷史，五稜郭展望台也有限定商品販售。

上一次的北海道之旅因為沒有做好功課，所以來的時候無法上去，這一次當然要抓好時間好好地參觀一下。周邊都有不少的停車場，就算開著露營車前來也不用怕停不下。購買展望台門票時，發現不僅是觀光客多，連日本當地人也很多，更提供了不少語言的導覽手冊。上到展望台後，景觀果然名不虛傳，可以看到五稜郭和函館市區的景致，美麗卻沒有東京那種高樓林立的華麗感，反而多了一種鄉村的質樸。在這裡也可以蓋紀念章，表示到此一遊。

　　若是想要在這裡用餐的話，有兩家餐廳可以選擇，五島軒在門口也提供了咖哩試吃的服務。當時我們已經餓到想翻滾，所以選了旬花用餐，點了烤牛肉餐，真的很美味，而位在包廂內的環境，也讓人充足地放鬆。

五稜郭塔
地址：〒040-0001 函館市五稜郭町43-9
電話：0138-51-4785
塔台瞭望費用：
大人 900圓
國、高中生 680圓
小學生 450圓
學齡前兒童免費。
營業時間（全年無休）
4月21日～10月20日　8:00～19:00
10月21日～4月20日　9:00～18:00
官網：www.goryokaku-tower.co.jp/html/index/tw.html

雨天的遊樂備案

金森紅磚倉庫群

　　喜愛逛街的朋友，位在函館的金森紅磚倉庫，絕對是必來景點之一，在好幾個倉庫相連的區域裡，每個門推進去，都是一個不同的世界，穿梭其中，很有意思。如果到函館剛好是下雨天，這裡就很適合成為雨天備案的景點。

　　這裡販賣的商品琳瑯滿目，有些是服裝配件、當地設計師款包包、鞋子、食品、工藝品，好像沒有什麼東西找不到的吧！另外在倉庫間也有些販賣著零食、冰淇淋、小點心的小店，不用怕挨餓。而對於喜愛日系雜貨的朋友們來說，這裡簡直是挖寶的聖地！不管你喜愛哪一系列的漫畫、卡通主角，都有各式各樣符合需求的商品，等著你把它們帶回家。在此還有特別的投遞箱，一旁郵局也販賣一些當地限定的明信片，可以寄給親朋好友。

　　向來最重視氛圍的咖啡廳——星巴克，當然也不會錯過紅磚倉庫這個好地方，裡頭擠滿了不少朝聖的人們，星巴克杯很值得收藏喔。如果聖誕節前來，那就不能錯過點燈節的重頭戲，每年由加拿大姊妹市運過來的聖誕樹，裝載著五萬顆燈泡的聖誕樹，點燈時段為16:30 – 24:00（週五、六及12/22 – 25延長至凌晨2:00），兩旁的攤位則提供了滿滿的熱食，是冬天金森倉庫的魅力之一。這麼大的一個區塊，建議大家至少安排四個小時的逛街時間，不然可是逛不完的呦。

　　同在金森倉庫群緊鄰星巴克的西波止場是個小型的百貨賣場與超市結合體，一字排開的冷凍庫，販賣函館當地的魚貨，還有起司、牛奶、布丁，一旁則是飲料冰櫃，還有不少當地現釀的啤酒，走到後頭則是一字排開的特色泡麵，想要買伴手禮也有一大區的零食供你選擇。

金森赤レンガ倉庫

地址：〒040-0065北海道函館市豊川町11-5

電話：0138-27-6800

營業時間：9:30〜19:00

停車場：金森倉庫附近停車場，消費滿額可折抵停車費，需拿到紅磚倉庫的
　　　　服務台消磁。

官網：www.hakodate-kanemori.com/history/seasons/

當地人也愛去
ちゃっぷ林館

　　若是你來到大沼公園不住飯店，卻想要洗溫泉的話，沿路有一些提供旅客的溫泉飯店。在友人推薦下，我們來到這間在當地小有名氣的ちゃっぷ林館。

　　雖然是函館近郊的簡單溫泉（弱鹼性低滲溫泉），卻擁有良好泉質的溫泉。它距離大沼公園約20分鐘車程，前往需要開車比較方便，也因此竟然在路上遇到了狐狸；說真的這一趟北海道之旅也太幸運了，都以為自己身在動物園了！

　　日本的溫泉館除了有不同的溫泉泉質，每一次走出來都會發現不一樣的好物在等待，就連販賣的當地物產也都像尋寶一樣令人期待。這裡的入浴券要自行投幣購買，裡面的泡湯設備有低溫（噴射浴）、中溫、高溫沐浴池、桑拿、露天泡湯池、大浴場等等，從露天池就可以眺望駒岳山，難怪深受當地人喜愛。

> **ちゃっぷ林館**
> 地址：〒049-2141 北海道森町駒岳657-16
> 電話：0137-45-2880
> 營業時間：10：00～21：00（最後入場20：30）
> 費用：大人430圓、初中生380圓、小學生220圓，小
> 　　　學以下110圓、3歲以下免費。

當地人帶路，
充實的吃貨之旅！

　　在出發前就先約好了住在七飯町的朋友，沒想到有了朋友的帶路，這一天的行程超級充實，一個點接著一個點踩，一天的景點抵過了三天分量，每個人都笑說也太操了！但也因為如此，我們把這個農業小鎮玩得超透徹，品嘗了當地最好吃的牛肉與豬肉，就算半路遇到熊也無憾了。

木地挽(きじひき)高原展望台

　　木地挽(きじひき)高原，就在大沼旁的木地挽山上，高原上有個景觀超好的露營地，登上標高560公尺的パノラマ展望台，天氣好的時候可以看到函館山、大野平野、横津連峰、噴火灣，甚至可以看到青森的下北半島與室蘭地區的羊蹄山。一路往兩旁的天然牧場山路上前進，日本人建設了一段「音樂道路」，車子只要行走過去，道路就會有音樂產生，晴天時四周是一望無際的草原美景，伴隨著優雅的樂聲，讓人的心情份外愉悅了起來。

　　來到這裡會看到許多奇奇怪怪的圖案，因為這裡隸屬於北斗市，而北斗市的吉祥物就是怪怪北寄貝，但看久了感覺療癒的外星生物，當下覺得不想要再吃北寄貝了（笑）。去掉怪怪看板，這裡真的是一級景觀，尤其可以看到美麗的駒岳和大沼湖，甚至遠方的內浦灣，也都清楚可見。展望台內有超貼心的休息區，除了畫有地圖供辨識以外，還提供免費的明信片自由拿取。

　　看了看板的介紹，繼續前往另外一個噴火灣瞭望台，當下的天氣與光線狀況並沒有很好，一眼望過去的景致就是山林，不如木地挽令人稱奇，卻也呈現了高原的另一種風光。

きじひき高原（パノラマ展望台）

地址：〒041-1244 北海道北斗市村山174
營業時間：8:30～20:00　4月下旬～10月下旬開放通行

北海道最有名的香菇園
福田農場

　　位在七飯町的福田農園，種植嚴加管控生產流程的王樣香菇，每一個都超大，風味也超濃厚，外銷到日本各個百貨公司的價格更是不輸給松茸。而在產地就可以買到比較便宜的價格，聽說不早一點來，很快就被搶完了。

　　當天我們來到這裡可是一包也不剩，因為正值大沼公園的馬拉松比賽，贈品就是大王香菇。明明溫室內部的很大顆，農場主人卻說那些都不達標準，非得每一朵都像手掌大才行。所以只有買到乾燥的香菇，但是香氣十足。也因為有當地人的帶路，這天在七飯町的旅行像農村之旅般超展開，遊走了石井農場、築城果樹園、山川牧場、流山牧場，讓這種更貼近當地人生活的旅行方式，也是旅行的樂趣所在。

福田農場

地址：〒041-1134 北海道亀田郡七飯町鶴野83番地
電話：0138-65-5522
營業時間：10：00～17：00（週日定休）
官網：www.k-kinoko.co.jp/

蘋果吃到飽 —————————
築城果樹園

　　一天到晚看著日本節目，感覺採蘋果應該也
滿好玩的，尤其是在石井農場喝到好喝的蘋果之
後，更想要親自來採一下蘋果。鄰近函館的七飯町
是一個蔬果大區，不僅有超多果園，就連要購買新
鮮蔬菜也可以直接向農家購買，甚至遇到買一送三
的優惠，吃素的朋友如果來到七飯町交個當地農夫
當朋友，根本餓不死。

這天朋友詢問我們有沒有想要體驗一下採蘋果，當然好！來到了這個築城果樹園，現場除了可以直接購買摘好的蘋果及蔬菜以外，也可以體驗採果的樂趣，不同的季節開放不同的水果摘採，但若你是小鳥胃，建議買現場的就好了，一袋不到500日圓，多到吃不完。一個人一小時隨採隨吃，只要400日圓，俗又大碗。

　　身為鄉下俗，沒有來過蘋果園，眼前不就是那種電視上會出現的男女主角在裡頭嬉鬧奔跑的場景嗎？（連續劇看太多了），農場主人會先告知可以從哪裡開始採，哪一種蘋果比較甜，想要吃酸的可以選哪一種，解散之後，小孩們興奮地往裡面衝進去摘蘋果，大人則留下來拚命拍網美照。

　　話說這樣一小時下來到底吃了幾個蘋果呢？其實兩人吃一個就飽了，超級不划算，只能說體驗無價！下一次，不妨也來體驗一下採果的樂趣吧！

築城果樹園（ついきかじゅえん）
地址：〒041-1112北海道龜田郡七飯町鳴川4-297
電話：0138-65-4763
官網：www.tsuiki-kaju.la.coocan.jp/

純天然蘋果汁產地
石井農場

　　位在北海道龜田七飯町的石井農場，不但可以喝到好喝的蘋果汁，在不同的季節也開放採果，另外事先預約也可以體驗製作蘋果派與手打蕎麥麵。

　　「你們想要喝蘋果汁嗎？」日本友人這樣問。這沒有什麼好考慮的，在台灣買蘋果汁超貴的，難得來到日本當然要大喝特喝！

　　尤其這家石井農場的蘋果汁很有名，附近的商店冰櫃幾乎可以看到它的產品，怎麼可以輕易錯過呢？一下車大夥就忍不住狂拍這棟森林小屋的外觀，這棟綠建築爬滿葡萄藤蔓，幾乎和小屋融為一體。走進去眼睛一亮，可惜內部無法拍攝，不然肯定可以收服大家的眼球。

　　一杯蘋果汁100日圓，自行投錢拿杯子裝，沒想到意外地清爽好喝！經過友人一問才知，果汁機內的蘋果汁與店內的瓶裝蘋果汁品種不同，而且每天的現榨蘋果汁都不一樣。不管了，就是要買啦，裡面不能拍照是不是，一群任性的人就在門外拍起了蘋果汁的商品照，有機會的話，大家一定要親自來品嘗一杯「當日限定」的蘋果汁。除此之外，櫃檯上也有一些當日限定的蔬果菜，而且相！當！便！宜！，北海道真的是蔬果愛好者的天堂。

石井農場
地址：〒041-1112 北海道七飯町鳴川5-349-5
電話：0138-65-2880
門口前面有停車場。

在地人才知道的隱藏版美味

チャレンジビーフ大沼 黑毛和牛餐廳

在日本吃和牛不是一件困難的事，厲害的是「便宜」與「美味」並存。是的，不是每一種和牛都好吃，大家要相信去日本多次的爆肝經驗談，不同地區的和牛，風味、口感、香氣都有所不同，光是和牛就為日本經濟貢獻了不少。

「那我帶你們去吃自己烤的和牛定食吧！」友人說。邊聊邊前進下，明明周邊就是農田、牧場的鄉間小路，一個轉彎就來到了這家和牛專賣店，「欸欸～是旁邊那間店！」兩家店連在一起，偏偏有家店就是生意稍微差了一些。現在是用餐離峰時間，大沼黑毛和牛還是有不少組的客人在用餐，而且陸陸續續有客人進來，生意真好！不過，進來這家店要有全身沾滿烤肉味的自覺，另外景觀座位區還可以看到駒岳，景觀一流。

包含飯、味噌湯、漬物的和牛定食，一份1600日圓，超級無敵划算。不管是顏色、油花還是香氣，光是烤的過程就令人口水直流。等到肉汁滿溢後，將肉片翻面，滋的一聲搭配表面焦糖色澤，10秒左右夾起放到白飯上，幾乎入口即化的軟嫩滋味，教人難忘且意猶未盡。

チャレンジビーフ大沼 黑毛和牛餐廳
地址：〒041-1353 北海道龜田郡七飯町軍川436-1
電話：0138-67-3653
營業時間：11:00～20：00（週二公休）

洋溢濃濃奶香
山川牧場

　　這裡採觀光牧場式經營，一旁有半開放的牛舍，可以帶小孩去看牛。賣場分成了兩塊，一半可以購買到牛奶製作的相關產品，另一半是冰淇淋專賣區，可以吃到用山川牧場牛乳製作的美味冰淇淋，當然還有牧場自豪的特濃鮮乳，而店家味自慢的優格與起司，更是來到這裡才買得到的夢幻商品。

購買冰淇淋要先買餐券，另外也販售香濃又美味的牛奶、優格還有モッツァレラチーズ（莫札瑞拉起司）等等。吃完冰淇淋後，有時間的話還可以去牛舍看牛，不得不說這裡的牛都有訓練過耶！還會偷偷地看鏡頭。大家會好奇為何不是那種荷蘭黑白顏色的乳牛嗎？因為黃牛的奶比較濃，所以這裡的乳製品混合兩種牛的特性去製作。

山川牧場

地址：〒041-1354 北海道亀田郡七飯町大沼町628
電話：0138-67-2114
營業時間：4月～10月 AM9：00～PM5：00、11月～3月
　　　　　AM10：00～PM4：00
　　　　　【定休日】11月～3月每週四（逢假日則隔日休）
　　　　　【元旦假期】12月31日～1月3日，4日開始營業

框住幸福的時刻
流山牧場

　　從流山牧場往裡走，抵達彫刻公園ストーンクレージーの森，公園內有眾多的雕刻作品，來自有名的雕刻家「流政之氏」之手。這裡可以欣賞到大師的眾多作品，由JR經營管理，完全不需要門票就可以免費參觀，作品有「もどり雲」、「MOMO」、「逢瀬の門」等多達22個展示，而在入口的流山牧場也可以體驗騎馬。在這裡的騎馬是玩真的，要先和馬培養感情，接著就直接帶入山林之內騎乘，過程中會經過雕刻公園，是一趟具有文化氣息的休閒活動。流山牧場除了可以體驗騎馬以外，還有提供美味餐點的餐廳，以及不少手作體驗活動，此外還有讓小孩可以盡情奔跑的草地，有個可以框住駒岳的畫框，站在這裡，什麼事都不做，也能感到內心平靜。在幅員廣大的空間散步也令人感到十分的惬意。

彫刻公園ストーンクレージーの森＆大沼流山牧場（オオヌマナガレヤマボクジョウ）
地址：〒041-1351北海道亀田郡七飯町字東大沼294-1
電話：0138-67-3339
開放時間：9:00~17:00
官網：www.paardmusee.com/

絕對不能錯過
ひこま豚食堂

　　來到函館大沼地區有幾家必吃的食堂，這家專門賣豬肉料理絕對不能錯過。豬肉舖的豬隻在駒岳附近的原野上飼養，採自然飼養方式，不僅可以吃到北海道產的安心豬肉，還提供了各種不同部位的新鮮豬肉買回家料理。另外在冰櫃還有一些店家醃漬好可以直接燒烤的豬肉，如果沒有辦法調理，這裡也有食堂提供美味的豬肉料理。

　　這家店就位在車水馬龍的國道五號上，乍看是家不起眼的小店，一走進去，裡頭擠滿了用餐的饕客。看看日本的美食評分版，這家可是超過四分的高分，對於已經吃過該店醃漬豬肉的我們來說一點也不意外！果然餐點一上桌，更是大大地加分，若下次再訪函館，這家絕對還是口袋名單。當天很可惜的是想要吃的漢堡排早早就賣完了，於是點了薑汁燒肉來吃，一旁也有可以選部位、重量及料理方式的點餐單，我們點了不少種類的料理，這一餐下來，大家一致的反應就是好吃，真的是太滿足了！就連現在回想起那滋味，口水都快流下來了！

ひこま豚ファーマーズマーケット
地址：〒049-2142 北海道茅部郡森町赤井川１３９
電話：0137-47-1456
營業時間：10：00～20：00（肉舖 週三 10：00～15：00）餐廳定休日：週三

岩盤浴泡湯

溫泉ホテル八雲遊樂亭

　　溫泉ホテル八雲遊樂亭的泉質來源是八雲鈣溫泉，屬於氯化鈉噴泉，對身體很好。泡湯區域分成公共露天大浴池及戶外浴池，因為飯店就在道路旁，所以從戶外溫泉能清楚看到前方路上的車子。而這間溫泉最特別的點是使用北海道建道初期才能採集到的特殊能量礦石，聽說這種黑色的矽石有超強的電磁波力量，可以促進美容和健康。

　　購買岩盤浴會提供一袋衣物與毛巾，洗好溫泉後，上樓使用岩盤浴。有沒有美容效果不清楚，但躺在岩盤上，讓熱氣不斷地將身體的汗逼出來，最後回到溫泉區浸泡沖洗一次，真是神清氣爽，感覺新陳代謝作用排掉了不少身體的廢物。

溫泉ホテル八雲遊樂亭
地址：〒049-3124北海道二海郡八雲町濱松152
電話：0137-63-4126
營業時間：07:00~23:00（22:00停止入場）
費用：泡湯大人500圓、中學生350圓、小學生200
　　　圓、小學以下免費。
網站：www.yurakutei.co.jp/

在昭和熊牧場
認識黑熊的一生

　　告別了七飯町之後，這一天的目標是要抵達知名的景點洞爺湖，在Hotto Motto買了平價又美味的便當，小孩們一路都超期待有熊出沒。沒想到遇到熊後，只要誰在路上不想走，喊一句「熊來了」，他們立刻拔腿就跑（哈）！網路上隨意訂的汽車營地，竟是洞爺湖景第一排景觀小木屋，驚喜之餘，晚餐就煮火鍋與烤肉來慶祝吧！

Hotto Motto

　　這家Hotto Motto是日本連鎖外帶便當店，在47個都道府幾乎都有分店，不過我們是在北海道吃的，大家也知道台北和高雄的麥當勞都會有一些口味上的差異，何況幅員廣大的日本。

　　這便當店縮寫就是大家喜愛的Ｈ＆Ｍ，如果大家有機會在北海道自駕旅行應該不難遇到，有興趣的話也能上官網搜尋一下店的位置。雖然是外帶的便當店，但旅行經過好幾家店都提供超大的停車場，至少開露營車來買便當不成問題啊！回到車上就可以盡情享用現做的便當了。

　　這裡的便當很平價，價格從330~620日圓不等，不喜歡制式菜單也可以自選菜色組合，真的很方便。每天會推出不同的限定，而日前造訪時兒童便當就有推出哆啦A夢款。 所有的便當都是現點現組合，點好餐後會拿到一張號碼牌，憑號碼領餐即可。

　　在櫃檯旁也有飲料可以搭配，如果想要加點湯品還有折扣，菜單就放在櫃檯前，用手比畫就能點餐十分的便利。不得不說日本的便當飯量給的非常大方，這趟旅行為了不浪費，身上肥肉硬是多了好幾公斤回來。

　　下次旅行除了松屋、吉野家、すき家，也可以考慮一下這家外帶便當店，比起車站裡動輒1000日圓的便當，實在划算多了。

Hotto Motto 八雲店
地址：〒049-3105北海道二海郡八雲町東雲町17-37
電話：0137-65-4830
營業時間：平日 10:00～22:00／週六、日與假日 09:00～22:00
網站：www.hottomotto.com

體驗近距離餵食黑熊
昭和新山熊牧場

　　昭和新山熊牧場是來到洞爺湖附近的觀光景點，裡頭有幼熊到成年的熊，園區設計讓人可以餵食及與熊互動。除了內部的賣場有販售與熊相關的產品以外，周邊也有不少餐廳與伴手禮商店。

　　「熊出沒」這個名詞是北海道的專有名詞，以前愛奴族在原住民時代會獵捕熊，曾經一度造成北海道熊幾乎要滅絕，而野生的熊也讓不少在山裡工作的農家遭受攻擊而造成傷亡，為了不讓熊滅絕，又具有教育的意義，就出現了類似這樣的熊牧場。到底野生好還是固定圈養好，並沒有一定的說法，但看到了這裡熊的野性，只能說不幸在森林中遇到，快閃就對了。

　　可以告訴大家的就是，熊沒有大家想像中那麼可愛。像是三歲的幼熊，搖晃欄杆的樣子已經可能會傷害人了。　有些熊很積極地站起來一直招手裝可愛，有些或躺或坐根本動也不動，就等待著餅乾自動來到面前；有些則是不丟給牠就大力的搥地板表示憤怒，是不是也跟人類很像呢？

　　遊客可以購買餅乾和蘋果餵食，透過籠箱餵食，近距離體驗熊靠近，手心甚至可以感受到熊的氣息，真的很有壓迫感！

昭和新山熊牧場
地址：〒052-0102北海道有珠郡壯瞥町昭和新山183
電話：0142-75-2290
營業時間：元旦 10:00～15:00／1月2日～3月31日 08:30～16:30／4月
　　　　　08:30～17:00／5月～10月 08:00～17:00／11月～12月30日
　　　　　08:30～16:30／12月31日 08:30～15:00
門票費用：大人（中學生以上）850圓、小孩（6歲以上）500圓
網站：www.kumakuma.co.jp

完美眺望洞爺湖
金比羅火口展望台

　　想要眺望日本第九大湖泊的洞爺湖，就必須登高，像是站在洞爺湖附近的金比羅火口展望台，便能眺望洞爺湖全貌以及金比羅火口。

　　在Google map可以看到很多洞爺湖的瞭望台，環湖周邊的制高點都是瞭望台，但就只有這個地點最杳無人煙，應該是收費太貴的緣故，不過也讓大家消耗了不少卡路里。將車子停在下方不用收費的停車場，慢慢地走上去，以為很快就到，結果走了15分鐘，走到快要沒命才抵達，抵達的時候，發現車子一台收費1000日圓，走路以五個人為單位收費，也就是七個人被收了2000日圓，瞬間有一種被搶劫的感覺。但我們有自信這天拍下的洞爺湖景致一定和網路上的不一樣，而且除了金比羅火山以外還有西山火口群的日落景觀，光這一點就讓錢花得很值得。

　　在山頂上享受了一段寧靜時光，覺得已經值回票價的時候，就要準備下山了。不下山也不行，有人膀胱要爆炸，而這裡是沒有路燈的，我們可不想要在山上遇到熊，照片拍夠了就快快閃人。火山控的朋友，仍然值得到此一遊，畢竟這裡的標高與俯瞰洞爺湖美景的幅員，是一般展望台無法比擬的。

金比羅火口展望台
地址：〒049-5721 北海道虻田郡洞爺湖町洞爺湖温泉町
電話：0142-75-2446
費用：五人以內普通車1000圓/台，展望台可停車。

無敵湖景第一排的營地 ──────
洞爺湖里財田露營場

　　洞爺湖有點像台灣的日月潭，就是一個觀光地區，當然環湖的景觀房也特別昂貴，但如果你是自駕旅行，來這裡就可以超划算入住。水邊的里財田露營場是位於洞爺湖北岸原始森林圍繞的湖畔露營場，場內劃分成個人營位及露營車營位等5種不同用途的營區，另外也有六人小木屋可以選擇。在自然體驗中心除了有各式各樣的自然體驗活動之外，還可以到附近享受泡溫泉之樂，秋天則可觀賞到河裡的櫻鱒迴溯上游的景象。

　　水邊的里財田露營場非常大，依著洞爺湖畔而建，光是停車場車位就多達200個，散布在整個露營場中。入場一人800圓，可以不要過夜，除了搭帳棚在免費的營地，也可以加碼既能停車又可接電源的營地，依照需求選擇，真的很人性化。登記入住的話還可以租借鍋碗瓢盆及領取棉被套，在這裡入住是要自己拆裝棉被套的。

　　露營場內有自然步道、遊戲廣場。還可從事獨木舟體驗，占地廣大，是一處適合親子同遊的營地。這裡提供相當大的活動空間，讓小孩可以盡情地奔跑，令人感動的不只是提供炊事場所、烤肉用具或者是烹飪用具租借，或是有洗衣機烘衣機，而是小木屋走出去不到1分鐘就可以來到洞爺湖邊。

租借木屋的客人可以直接將車子停在小木屋旁，也提供可以自行進出露營場的鑰匙。小木屋有兩層的結構，一樓是盥洗場所及烹飪處，二樓則是睡覺的地方，提供暖氣，晚上簡直熱到想踢被。浴室裡還有大型的浴缸，可以好好地泡個舒服的澡。因為廁所是分開的，也不用害怕洗澡洗到一半會有人打擾。

　　除了小木屋以外，一旁的草皮就是提供露營的地方，不過日本的退宿時間和飯店一樣，早早起來就要打包營帳，若是想要賴床的朋友，還是會建議優先考量小木屋。日本對於露營地的規劃十分令人佩服，相信喜愛露營的朋友來到這裡，一定會愛上露營的感覺。

　　經過一晚的休息，隔天出了大太陽，走出小木屋就有散步的林道，而小木屋的後方也有提供木桌椅，可以悠閒地坐在後院聊天。木桌上還留著前任主人燒烤的痕跡，可見大夥來此都會準備個BBQ。在此欣賞美麗的洞爺湖景觀、漫步在林道，盡情地享受度假時光，加上優惠的住宿價格，是不是也令你很心動呢？

洞爺水辺の里財田キャンプ場

地址：〒049-5813 北海道虻田郡洞爺湖町財田6
電話：0142-82-5777（預約時間：8:30～20:00）
開放時間：4月下旬～10月下旬
費用：入場費大人：300圓，過夜800圓。小孩：200圓，過夜400圓，營地
　　　視需求另外收費。停車場維持費：300圓/台，過夜則700圓/台。
　　　六人木屋（6人寢具，帶浴缸，衛生間），一棟每晚18000圓，免入場費。
進出營地時間：06:00~22:00
網站：www.town.toyako.hokkaido.jp/tourism/outdoor_camp/odc002/

荷包君
哭泣的札幌

　　一路上吃吃喝喝，就連下巴像錐子般的小孩臉都變圓了，可想而知其他人的狀況。但來到札幌市區，能不吃嗎？換個想法，明天都要回家了，下次何時才能來呢？也許大家都抱持著這個念頭，買伴手禮的、吃通海的，全部都不放過，店家打烊之後才抵達營地休息。

起司控的最愛
Lake hill farm冰淇淋店

　　Lake hill farm，位在洞爺湖主要幹道230線道一旁，店內販售滿滿的自家製品，有各式牛奶做的麵包、泡芙和手工起司，尤其大推巴西里起司條！滿滿的奶類餐點真是太誘人了，當然要點個牛奶全餐，有布丁、綜合起司、牛奶派、克寧姆泡芙、手作披薩，克寧姆泡芙的味道清爽不膩，讓人吃了好滿足、想要再吃一口，而巴西里風味的起司條美妙的滋味，是吃過的起司中最有記憶點的。

　　在牛奶小屋有了美好的味覺體驗後，轉往隔壁另外一個冰淇淋小屋，這裡每天提供的冰淇淋口味都不同，約有20種口味，從最基本的巧克力、香草、白花豆到紫蘇都有，也有現榨的果汁。我們點了抹茶咖啡和蘋果紫蘇口味，味道很好吃，在戶外賞花吃冰，頗愜意！

　　這裡最令人欣賞的是不只是要做生意而已，也提供了大片的休憩空間，還有玩具、運動器材，讓小孩可以自由地拿取，一旁兔子屋可以購買紅蘿蔔餵食，草原中還有隻溫馴的小羊，只要不要粗暴對牠，小羊是不會生氣的。這樣的地方是適合帶小孩前來遛達的好地點，推薦給家長們！

Lake hill farm
地址：〒049-5724 北海道虻田郡洞爺湖町花和127
營業時間：咖啡店、餐廳 9:00～17:00，冰淇淋店：9:00～17:00(10月-4月
　　　　　下旬)／9:00～19:00(4月下旬-10月)
電話：0120-83-3376
網站：www.lake-hill.com

相見恨晚的休息站 ──────
喜茂別町郷の駅

　　從道南的洞爺湖前往道央的札幌市區途中，會經過「喜茂別町郷の駅」，這裡有各式蔬菜與農產品，還有食堂販售簡單日式料理，像是咖哩飯、醬汁豬排飯。擺放在外的大蘿蔔、南瓜、洋蔥，看起來十分壯觀呢！

　　除了外頭誇張的蔬果擺放區，內部的賣場以販售各地的物產為主，還有個小食堂，比較特別的是有家麵屋誠拉麵店，傳來陣陣拉麵香味讓人不斷吞口水，可是上一餐並沒有完全消化，這樣吃下去擔心會太胖，忍不住內心交戰，最後快速地逛完一圈，趕緊走為上策！

郷の駅ホッときもべつ
地址：〒044-0201 北海道喜茂別町字喜茂別306-3
電話：0136-55-5130
營業時間：土產、農產品 09:00～19:00，不定休／
　　　　　食堂10:00～15:00，不定休／麵屋誠
　　　　　11:00～18:30（冬季至17:30），週三休。

銀杏漫天飛舞
北海道大學

　　若在10月底來到北海道旅遊，很推薦一遊札幌市區的北海道大學。北海道大學的銀杏並木街道有兩排很長的黃色銀杏大道，每到楓葉季節，銀杏轉黃時，吸引不少人慕名而來。歷年北海道大學銀杏大道轉黃見青時間約在10月下旬至11月上旬間，380公尺長的道路上約有70株銀杏樹，銀杏季節時還會舉辦金葉季，從上午10點到晚上9點，除了可欣賞滿開的銀杏外，還有屋台（路邊攤販）、實驗教室等，晚上還能欣賞到打燈後的夜銀杏。

　　和之前在東京明治神宮外苑所見到氣勢磅礡感的銀杏並木感覺很不一樣，這裡的銀杏並木有種秋意濃厚的美。在午後的陽光光線照射下，銀杏樹更加金黃動人，滿天橙黃的色澤彷彿蔓延到天空，整個天際成了金黃色畫面，非常漂亮。

　　真的好喜歡秋天的日本，能見到紅黃色的銀杏與楓葉，或是其他種樹木，彷彿置身繪本故事中的童話世界一樣！

北海道大學
地址：〒060-0808北海道札幌市北区北8条西5丁目
電話：011-716-2111
交通：不易停車，建議停附近停車場，搭乘交通工具者從「札幌駅」中央
　　　北口徒步約10分鐘。
網站：www.hokudai.ac.jp

札幌電視塔

　　來往札幌街道時，總會見到札幌著名地標「札幌電視塔」，這紅紅綠綠的鐵塔，以鐵塔來說沒有特別的高聳，不過整體造型很有復古感。由於札幌電視塔的顏色很獨特，來到札幌旅遊的人們總會拍攝札幌電視塔的照片或是與它留影。春天櫻花開放時，在一旁的大通公園欣賞被櫻花包圍的札幌電視塔，美麗極了，也成了我們想再來札幌的原因之一。

　　若想要看札幌市區的街景或是夜景，來到位在熱鬧大通區域的札幌電視塔即可。塔高90.38公尺的展望台，特地將三片玻璃窗改成落地窗，讓旅客們可以完整貼近窗戶觀賞景色，沒有任何距離感。雖然札幌電視塔的景色沒有天狗山、函館山那樣來得夢幻，但在高樓上俯看放射形狀的街景、美麗的大通公園、熙來攘往的人車，別有一番浪漫。

札幌電視塔

地址：〒060-0042札幌市中央區大通西一丁目

營業時間：

電話：011-241-1131

交通：札幌車站B1走地下街，由27號出口方向走出來即可。

門票費用：大人（19歲以上）720圓／高中生600圓／國中生400圓／小學
生300圓／3～5歲幼兒100圓

網站：www.tv-tower.co.jp/tw/

狸小路

　　狸小路位在札幌市中心，從一丁目到七丁目共有200多家的商店，一路順著地下街走，來到了標註「狸小路」字樣的出口，上來之後是激安殿堂的路口。這一條道路太危險，因為一次就吸走了兩個人，沒離開的一位是為了顧小孩，另外兩位是來過日本太多次，已經免疫。

　　狸小路一旁的北海道物產店是尋寶的好地方，真心不騙！逛了一圈下來，得到的結論就是：二丁目是業務超市激戰區，超多便宜的食品日用品。而購物決不能錯過三丁目，24小時的免稅店唐吉訶德就在這裡，北海道物產、名產則在五丁目可以看到。六丁目的KitKat專賣店則是巧克力控不能錯過的店，如果是喜愛居酒屋文化的朋友，推薦可以到七丁目逛逛。

狸小路

地址：〒060-0062 札幌市道南2条南3条仲通線西1丁目～西7丁目

營業時間：依各商家而定

讓你吃到撐
狸小路豪快居酒屋

　　豪快居酒屋位在狸小路二丁目接近一丁目的路口處。在預定的時間內抵達，除了我們一群人以外，一旁的包廂也有酒過三巡超歡樂的當地人，因為餐點都已經在KKday預訂好，入座後不久會提供飲料單。KKday的優勢除了便宜以外還多了一杯免費的飲料，而餐點項目有餐前小菜、刺身船、凱撒沙拉、相撲火鍋、烤單支帝王蟹腳、炭火烤牛肉、3種握壽司拼盤、香草冰淇淋。好適合觀光客前來，菜單竟然中、英、日文都有，也太貼心了吧！另外每人提供一杯飲料，在居酒屋當然就是要點生啤酒！相撲火鍋是以三人份的食材來準備，有花蛤、帆立貝、蝦子、雞肉、鮭魚……搭上滿滿的蔬菜，這湯超甜的，讓人忍不住一直喝！除了味道好以外，食材也滿新鮮的，生魚片更是讓人讚不絕口。

豪快居酒屋
地址：〒060-0063 北海道札幌市中央区南3条西
　　　2-10-1
電話：050-5869-1481
營業時間：11:30–15:00、17:00–23:30

設備齊全 ─────
苗穗站前蔵之湯溫泉

蔵之湯的泉水是冷礦泉（弱鹼性低滲冷礦泉），澄清、無色無味幾乎無臭味。泡湯池有室內及戶外兩種，最特別的是戶外池有兩池，一池是一般露天池，另外一池則是洞窟造型的露天溫泉，除了泡湯外，這裡也設有烤箱桑拿室、投幣按摩椅、扭蛋遊戲區、休息室以及提供飯麵類餐點的餐廳，十分方便。

　　看到價格低於500日圓，想說不會吧！果然內部沒有提供盥洗的沐浴用品，也就是說要自行準備沐浴乳和洗髮精，就連吹風機也是投幣式的，收費還算合理，大部分都是10日圓，提醒大家，露營車旅行還是要準備一下盥洗用具，否則就只能乾洗了。除此之外，這裡的飲料、餐點樣樣不缺，算是設備滿齊全，在溫泉使用上也很舒適。

苗穗駅前温泉　蔵ノ湯
地址：〒060-0032 北海道札幌市中央区北2条東13丁目
電話：0112-00-3800
營業時間：10:00~00:00（23:00最後入場）
費用：大人440圓、小孩140圓、未滿6歲幼童70圓
官網：www.kuranoyu.com/html/onsen.asp

麵包超有特色

花路休息站

　　惠庭市花路休息站（花ロードえにわ）地處札幌與新千歲機場中間，特色是有家4月上旬開始營業的農畜產物直販所，販賣當季的蔬菜水果及當地種植的花卉，種類多又便宜，讓人目不暇給，就連餐廳販賣的麵包與餐點也是種類多又多，這時候突然有個念頭，應該第一晚到業務超市採買接著入住，購買滿滿的蔬果之後再繼續上路的啊！分享給還沒出發或者還在計畫中的讀者，可以把這裡當作旅行的第一個站。

　　這個休息站的麵包超有特色的！有鮮紅的蘋果麵包，有以當地盛產的南瓜製作麵包，更有包著南瓜可樂餅的麵包，還有雞蛋培根口味，這裡的主廚也太有創意了吧！商店除了販售當地的工藝品以外，還有南瓜布丁、薩摩地瓜布丁、豆腐冰淇淋等比較特別的商品，這裡根本就是南瓜國。不過，南瓜冰淇淋沒有想像中好吃，大家可以跳過。

　　旅行來到了倒數最後一天，所以大家像餓死鬼投胎一般，點了一大堆食物！心情有遺憾也有快樂，遺憾的是一顆高麗菜都不能買，快樂的是意外地發現了這塊寶地，拍照拍得很開心。

道と川の駅 花ロードえにわ

地址：〒061-1375 北海道惠庭市南島松817-18
電話：0123-37-8787
營業時間：09:00~19:00（4~10月）、09:00~17:00（11~3月）

Day
16

再見北國，
後會有期！

　　最後一個景點是えこりん村，不得不說用欣賞療癒的動物來收尾真的超讚的！當然在機場還車後，大家又跑到國內線大樓飽餐了一頓。驀然回首，旅行竟然已經過了16天，也太不真實了，但是肚子上的肥肉卻是無法遮掩的證據，真心覺得這趟天天無空白的露營車之旅，只有精采兩字可言。

有可愛動物草泥馬
Ecorin Village

Ecorin Village是1000種類植物的銀河庭園與有許多可愛動物的みどりの牧場結合的遊樂景點，由於行程時間關係，我們大部分時間都停留在みどりの牧場。

みどりの牧場雖然不大，但在互動性上設計得很不錯，才剛進入牧場，就幸運地碰巧遇到11點場次的「賽羊」活動。園方會請遊客們從盒子內抽取牌子，牌子的顏色會對應到羊身上的領巾顏色，當和牌子相同顏色的羊贏了，就可以餵食牠們。看到羊兒們跑起來時十分呆萌，一整個活動都在充滿溫馨中開始與結束，心都跟著融化呀！最後是我們家小孩贏了，她開心地餵著比自己還高大的羊。「賽羊」活動後，可到一旁搭乘遊園車，園內

人員會在園車行駛途中介紹一旁的可愛動物們（有綿羊、牛、馬、羊駝），中途還會讓大家下車餵食綿羊，能夠如此與可愛的動物們親近，真的好有趣。

參觀完みどりの牧場後，可搭乘園內接駁車或是開車到銀河庭園觀賞美麗的花園，到一旁的用品區購買雜貨、擺設，有點很特別的是，這裡有賣番茄做的霜淇淋，在好奇心驅使下買了一支，口感意外地還不錯呢！

除了與動物互動外，這裡也能體驗大自然的戶外活動課程以及手作羊毛氈小物，讓孩子增加更多貼近大自然的機會，十分適合親子一同前來。

Ecorin Village（えこりん村）
地址：〒061-1421 北海道惠庭市牧場277-4
電話：0123-34-7800
門票費用：大人$1,200圓／中學生以下$600圓／65歲以上$1,000圓（大人一名，中學生以下五名免費）
開園時間：09:30~17:00（4/27~9/30）、09:30~16:00（10/1~11/5），11/6~隔年4月休。
網站：www.ecorinvillage.com

札幌味噌拉麵專門店けやき

　　回程前一定要留時間到新千歲機場逛逛，因為國內線航廈有許多伴手禮店、免稅店會讓人逛，尤其哆拉A夢館與巧克力主題館。若是想吃東西，國內線航廈3樓有北海道拉麵道場，一共收錄了十間拉麵店，豚骨、味噌或是醬油、鹽味都能在這找到，而在台灣展店的一幻拉麵、梅光軒拉麵在北海道拉麵道場也設有分店。

　　我們曾在札幌狸小路吃過空拉麵，又想吃點尚未開設到台灣的拉麵，於是選擇了這間「札幌味噌拉麵專門店けやき」，北海道各地拉麵有其著名的口味，旭川要吃醬油拉麵，札幌要吃味噌拉麵，到函館則要吃鹽味拉麵。

　　「札幌味噌拉麵專門店けやき」提供新千歲機場限定的螃蟹拉麵，蟹肉滿少的，但是蟹肉細軟，麵條Q軟，菜多清脆。至於拉麵的靈魂湯頭是使用雞、多種蔬菜、豬背脂燉煮約10小時而成，油脂不少但喝起來順口，濃郁鹹香之餘有豆瓣味，果真是札幌特有的拉麵風格！若敢吃辣的話建議加點辣椒提味，不會太辣。

けやき
地址：〒066-0012 北海道千歲市美美987-22　新千歲機場國內線航廈 3F
　　　北海道拉麵道場內
電話：0123-45-6010
營業時間：10:00～20:00
網站：www.sapporo-keyaki.jp

北海道休息站及
露營地總整理

休息站名稱	地區	地址	電話	開館時間	餐廳&商店	Wi-Fi	特色
しかべ間歇泉公園	道南	鹿部町字鹿部18-1	0137-27-5655	08:30~18:00(4~9月)09:00~17:00(10~3月)	皆有	✓	100度的間歇噴泉
縄文ロマン南かやべ	道南	函館市臼尻町551-1	0138-25-2030	09:00~17:00(4~10月)09:00~16:30(11~3月)	無餐廳有商店		展示繩文時期的文物與遺跡
なとわ・えさん	道南	函館市日ノ浜町31-2	0138-85-4010	09:00~18:00(4~9月)、09:00~17:00(10~3月)	皆有		有露營地、兒童遊戲室
つど～る・プラザ・さわら	道南	茅部郡森町砂原2-358-1	0137-48-2828	09:00~17:00	無餐廳有商店		四樓有360度展望台、休息站旁有無煙燒烤爐租借
YOU・遊・もり	道南	茅部郡森町字上台町326-18	0137-42-4886	9:00～17:30(3/21～10/20)、9:00～17:00(10/21～3/20)	皆有		可俯瞰駒岳、羊蹄山及噴火灣的展望台
みそぎの郷きこない	道南	上磯郡木古内町字本町338-14	0139-22-3161	09:00～18:00	皆有	✓	與木古內車站相結合的休息站
しりうち	道南	上磯郡知内町字湯の里48-13	0139-26-2270	8:00～18:00（3月～11月）9:00～17:00（12月～2月）	無餐廳有商店	✓	二樓可看見從青函隧道來的東北新幹線列車
横綱の里ふくしま	道南	松前郡福島町字福島143-1	0139-47-4072	9:00～17:00（4月~11月無休）	無餐廳有商店		橫綱千代山千代富士紀念館
北前船松前	道南	松前郡松前町唐津379	0139-46-2211	9:00~18:00（4~10月）、9:00~17:00（11~3月）	皆有	✓	附近的松前公園是賞櫻名所
上ノ国もんじゅ	道南	檜山郡上ノ国町字原歌3	0139-55-3955	09:00~19:30(4~10月)、09:00~18:30(11~3月)	皆有		可俯瞰日本海的餐廳
江差	道南	檜山郡江差町尾山町1	0139-52-1177	09:00~17:30(4~9月)、09:00~17:00(10月)、10:00~16:00(11~3月)	無餐廳有商店		設有繁次郎番屋獨棟海邊木屋（4~11月開放）
あっさぶ	道南	檜山郡厚澤部町緑町72-1	0139-64-3738	08:30~18:00（6~9月）、09:00~17:00（10~5月）	有輕食區及商店		
ルート229元和台	道南	爾志郡乙部町元和169	0139-62-3009	08:30~18:00（4~10月）、9：00-16：00（11~3月）	無餐廳有商店		有海水浴場
てっくいランド大成	道南	久遠郡せたな町大成区平浜378	0139-84-6561	09:00～16:00(11月～3月)、09:00～19:00(7/17～8/16)、其餘日期：9:00～17:00	無餐廳有商店		平浜海水浴場
とうや湖	道央南	虻田郡洞爺湖町香川9-4	0142-87-2200	09:00～18:00（4~10月）、09：00～17：00（11~3月）	皆有		眺望洞爺湖的展望台
とようら	道央南	虻田郡豐浦町旭町65-8	0142-83-1010	09:00～18:00（5~10月）、09：00～17：00（11~4月）	無餐廳有輕食有商店		
あぷた	道央南	虻田郡洞爺湖町入江84-2	0142-76-5501	9:00～18:00(4月~10月)、9:00～17:00(11月～3月)	皆有		
だて歷史の杜	道央南	伊達市松ヶ枝町34-1	0142-25-5567	09:00～18:00	皆有	✓	宮尾登美子文學紀念館、藍染體驗坊

休息站名稱	地區	地址	電話	開館時間	餐廳 & 商店	Wi-Fi	特色
そうべつ情報館 i（アイ）	道央南	有珠郡壯瞥町字滝之町 384-1	0142-66-2750	09:00～17:30 (4/1～11/15)、09:00～17:00 (11/16～3/31)	無餐廳 有商店		多功能遊戲區、火山防災學習館
みたら室蘭	道央南	室蘭市祝津町 4-16-15	0143-26-2030	09:30～21:00 (4月～10月)、09:30～17:00 (11月～3月)	無餐廳 有輕食 有商店	✓	站旁有屋台村、溫泉浴
フォーレスト 276 大滝	道央南	伊達市大滝区三階滝町 637-5	0142-68-6041	09:00～18:00	皆有		自動鋼琴演奏
ウトナイ湖	道央南	苫小牧市字植苗 156-30	0144-58-4137	09:00～18:00 (3月～10月)、09:00～17:00 (11月～2月)	皆有		ウトナイ湖野鳥保護中心
むかわ四季の館	道央南	勇払郡むかわ町美幸 3-3-1	0145-42-4171	09:00~22:00	皆有		設有溫泉、溫水泳池及桑拿
樹海ロード日高	道央南	沙流郡日高町本町東 1-298-1	0145-76-2008	09:00~20:00 每週四營業到 18:00	皆有		日高山脈博物館
サラブレッドロード新冠	道央南	新冠郡新冠町字中央町 1-20	0146-45-7070	9:00～18:00（黃金週及 7月～9月） 10:00～17:00（11月～2月底） 10:00～18:00（上述以外）	皆有	✓	黑膠唱片收藏館
みついし	道央南	新ひだか町三石鳧舞 161-2	0146-34-2333	08:45～22:00 (4月～9月)、08:45～17:30 (10月～3月)	皆有		有海浜公園、溫泉及露營場
コスモール大樹	道央南	広尾郡大樹町西本通 98 番地	0155-86-5220	09:30～18:00	無餐廳 有商店	✓	
忠類	道央南	中川郡幕別町忠類白銀町 384-12	0155-88-3236	09:00～18:00	皆有	✓	史前象紀念館、溫泉旅館
さらべつ	道央南	河西郡更別村弘和 464-1	0155-53-3663	09:00～18:00	皆有		附近有露營場
なかさつない	道央南	河西郡中札内村大通南 7-14	0155-67-2811	09:00～18:00 (4～10月)、09:00～17:00 (11月～3月)	皆有		農家開拓紀念館
おとふけ	道央南	河東郡音更町木野大通西 19 丁目 5 番地	0155-31-8511	9:30～18:30（5月～9月）、9:30～17:30（10月～4月）	皆有	✓	農產品直售 5月～10月第2、第4個週日及 8:00～17:00、8月10日～12月10日 10:00～17:00
しかおい	道央南	河東郡鹿追町東町 3-2	0156-66-1125	09:00~17:00	無餐廳 有輕食 有商店	✓	神田日勝紀念美術館
うりまく	道央南	河東郡鹿追町瓜幕西 3-1 外	0156-67-2626	09:00~17:00	皆有	✓	騎馬體驗
ピア２１しほろ	道央南	河東郡士幌町字士幌西 2 線 134-1	0156-45-3940	09:00～18:00（4月～11月）、09:00～17:00（12月～3月）	皆有	✓	士幌高原露營場

休息站名稱	地區	地址	電話	開館時間	餐廳&商店	Wi-Fi	特色
しほろ温泉	道央南	河東郡士幌町字下居辺西2線134	0156-45-3630	10:00~21:00	皆有	✓	附設溫泉及免費足湯
足寄湖	道央南	足寄郡足寄町中矢673-4	0156-25-7002	無	無		商店及餐廳休業中，但停車場及廁所提供使用
ステラ★ほんべつ	道央南	中川郡本別町北3丁目1-1	0156-22-5819	09:00～19:00（5月～9月）、09:00～18:00（10月～4月）	皆有		設有郵局
うらほろ	道央南	十勝郡浦幌町字北町16-3	0155-76-5678	09:00～18:30（4～10月底）、09:00～17:00（11～3月底）	皆有		鄰近浦幌森林公園
あしょろ銀河ホール21	道央南	足寄郡足寄町北1条1	0156-25-6131	08:00~18:00	皆有	✓	秋田蕗冰淇淋
オーロラタウン93りくべつ	道央南	足寄郡陸別町大通	0156-27-2012	08:00～18:00(4月～10月）、09:00～17:00（11月～3月）	無餐廳有輕食有商店		銀河鐵道駕駛體驗
よってけ!島牧	道央北	島牧郡島牧村字千走11-1	0136-74-5183	9:00～17:00，9:00～18:00(7月21日～8月31日）	皆有	✓	
みなとま～れ壽都	道央北	壽都郡壽都町字大磯町29-1	0136-62-2550	09:00～18:00(4月～10月）、09:00～17:00（11月～3月）	無餐廳有輕食有商店	✓	
くろまつない	道央北	壽都郡黑松内町白井川8-10	0136-71-2222	09:00~18:00（4~10月）、09:00~17:00（11~3月），11~3月每個月第二和第四個週二休，遇假日則隔日休。	皆有		使用當地名水「水彩の森」做的麵包
らんこし・ふるさとの丘	道央北	磯谷郡蘭越町字相生969	0136-55-3251	09:00～17:00，特殊節日除外。	皆有		旁邊有露營場
シェルプラザ・港	道央北	磯谷郡蘭越町港町1402-1	0136-56-2700	09:00～17:00，特殊節日除外。	無餐廳有輕食有商店		1500種貝殼展示館
ニセコビュープラザ	道央北	虻田郡二世谷町字元町77-10	0136-43-2051	09:00～18:00	皆有	✓	鄰近作家有島武郎紀念館
真狩フラワーセンター	道央北	虻田郡真狩村字光8-3	0136-48-2007	09:00～18:00（4月下旬～10/31）、09:30～16:30（11/1～4月下旬）	皆有		
名水の郷きょうごく	道央北	虻田郡京極町字川西45-1	0136-42-2292	08:00～18:00(5月～10月）、08:00～17:00（11月～4月）	皆有		名水製作的飲料、餐點
望羊中山	道央北	虻田郡喜茂別町字川上345	0136-33-2671	08:30～17:30	皆有		展望台
230ルスツ	道央北	虻田郡留寿都村字留寿都127-191	0136-47-2068	09:00～18:00(4月～10月）、09:00～17:00（11月～3月）	皆有		公園設有遊樂器材
いわない	道央北	岩内郡岩内町字万代47-4	0135-63-1155	09:00～18:00（4月～10月）、09:00～17:30（11月～3月）	無餐廳有商店	✓	噴水池

休息站名稱	地區	地址	電話	開館時間	餐廳 & 商店	Wi-Fi	特色
スペース・アップルよいち	道央北	余市郡余市町黒川町 6-4-1	0135-22-1515	余市宇宙紀念館　9:00～17:00（4/15～11/30）	無餐廳 有輕食 有商店		余市宇宙紀念館
オスコイ！かもえない	道央北	古宇郡神恵内村大字赤石村字大森 292-1	0135-76-5800	9:00～17:00(4月～11月) 12月1日～3月31日休館	無餐廳 有商店		
あかいがわ	道央北	余市郡赤井川村字都 190-16	0135-34-6699	8:30～19:00(5月～9月)、9:00～17:00(10月～4月)	皆有	✓	
しんしのつ	道央北	石狩郡新篠津村第 45 線北 2	0126-58-3166	10:00～22:00	皆有		設有溫泉及露營場
サーモンパーク千歳	道央北	千歳市花園 2 丁目	0123-29-3972	09:00～20:30	皆有		千歳水族館
花ロードえにわ	道央北	恵庭市南島松 817-18	0123-37-8787	09:00～19:00(4月～10月)、09:00～17:30(11月～3月)	皆有		
夕張メロード	道央北	夕張市紅葉山 526-19	0123-53-8111	09:00～19:00 (4/25～8/20)、10:00～18:00(8/21～4/23)	無餐廳 有輕食 有商店		
マオイの丘公園	道央北	夕張郡長沼町東 10 線南 7 番地	0123-84-2120	09:00～18:00(4月・11月)、09:00～20:00(5月～10月)、9:00～17:00(12月～3月)	皆有		展望台
三笠	道央北	三笠市岡山 1056-1	0126-72-5775	09:00～18:00 (4月～9月)、09:00～17:00(10月～3月)	皆有		巨大水車
ハウスヤルビ奈井江	道央北	空知郡奈井江町字奈井江 28-1	0125-65-4601	09:30～17:00(5月～10月)、10:00～16:00(11月～4月)	皆有		木製遊樂設施
つるぬま	道央北	樺戸郡浦臼町字キナウスナイ 186-214	0125-68-2626	09:00～18:00（4月下旬～9/30）、10:00～17:00 (10/1～4月下旬)	皆有		
田園の里うりゅう	道央北	雨竜郡雨竜町字満寿 28-3	0125-79-2100	09:00～18:00(5月～10月)、10:00～16:00(11月～4月)	無餐廳 有輕食 有商店		雨龍沼自然館
サンフラワー北竜	道央北	雨竜郡北竜町字板谷 163-2	0164-34-3321	08:00～22:00	皆有	✓	溫泉、遊樂設施
鐘のなるまち・ちっぷべつ	道央北	雨竜郡秩父別町 2085	0164-33-3902	09:00～17:00(4月～10月)、09:00～16:00(11月～3月)	皆有	✓	溫泉、開基百年紀念塔
たきかわ	道央北	滝川市江部乙町東 11-13-3	0125-26-5500	09:00～18:00(4月～10月)、09:00～17:00(11月～3月)	皆有		
ライスランドふかがわ	道央北	深川市音江町字広里 59-7	0164-26-3636	09:00～19:00（4月～10月）、09:00～17:00(11月～3月)	皆有	✓	精米體驗、附近有露營場
うたしないチロルの湯	道央北	歌志内市字中村 72-2	0125-42-5566	09:00～18:00（4月～10月）、09:00～16:00(11月～3月)	皆有		旁邊有溫泉

休息站名稱	地區	地址	電話	開館時間	餐廳&商店	Wi-Fi	特色
スタープラザ芦別	道央北	芦別市北4条東1-1	0124-23-1437	09:00～19:00（5月～10月）、09:00～18:00（11月～4月）	皆有		星星造型洗手間
森と湖の里ほろかない	道北	雨竜郡幌加内町字政和第一	0165-37-2070	物産館 10:00～17:00、溫泉10:00～21:00	皆有		溫泉、蕎麥麵
自然体感しむかっぷ	道北	勇払郡占冠村字中央	0167-39-8010	09:00～18:00	皆有		噴水池
南ふらの	道北	空知郡南富良野町字幾寅687	0167-52-2100	09:00～17:00(4月～5月、10月～3月)、09:00～19:00（6月～9月）	無餐廳有輕食有商店	✓	附近有露營場
びえい「丘のくら」	道北	上川郡美瑛町本町1丁目9-21	0166-92-0920	09:00～18:00(6月～8月)、09:00～17:00（9月～5月）	皆有		美瑛牛奶製品
ひがしかわ「道草館」	道北	上川郡東川町東町1-1-15	0166-68-4777	08:30～19:00（4月～10月）、09:00～18:00（11月～3月）	無餐廳有商店	✓	東川米
あさひかわ	道北	旭川市神樂4-6-12	0166-61-2283	09:00~19:00	皆有		鄰近三浦綾子紀念文学館
とうま	道北	上川郡当麻町宇園別2区	0166-58-8639	09:00～18:00	皆有		附近有當麻鐘乳洞
絵本の里けんぶち	道北	上川郡剣淵町東町2420	0165-34-3811	09:00～18:00(5月～10月)、09:00～17:00（11月～4月）	皆有		附設閱讀繪本的休息空間
もち米の里☆なよろ	道北	名寄市風連町西町334-1	0165-57-8686	09:00～18:00	皆有		旅遊、天氣、交通資訊充足的提供站
びふか	道北	中川郡美深町字大手307-1	0165-62-1000	09:00～17:30（11月～4月）、9:00～18:00（5月～10月	皆有		有溫泉設施
おといねっぷ	道北	中川郡音威子府村字音威子府155	0165-65-3111	10:00～18:00(4月～10月)、10:00～17:00（11月～3月）	皆有		
なかがわ	道北	中川郡中川町字誉498-1	0165-67-2683	09:00～17:00、09:00～18:00(5/3～5/5、7/16～8/16)	皆有		有暖爐的休息站
おびら鰊番屋	道北	留萌郡小平町字鬼鹿広富	0164-56-1828	09:00～18:00（12月～3月10:00～17:00）	皆有		歷史文化保存展示區、和室休息室
風Wとままえ	道北	苫前郡苫前町字苫前119-1	0164-64-2810	07:00～22:00	皆有	✓	設有溫泉及免費足浴
ほっと♡はぼろ	道北	苫前郡羽幌町北3-1	0164-62-3800	07:00～22:00	皆有	✓	溫泉旅館及玫瑰園
☆ロマン街道しょさんべつ	道北	苫前郡初山別村字豊岬153-1	0164-67-2525	10:00～21:00(4月～10月)、10:00～20:00（11月～3月）	皆有	✓	溫泉、天文台、露營場
富士見	道北	天塩郡遠別町字富士見46-1	0163-27-3939	10:00～16:00(2/1～3/31)、09:00～17:00(4/1～10/31)	皆有		金浦原生花園（北萱草）

休息站名稱	地區	地址	電話	開館時間	餐廳&商店	Wi-Fi	特色
てしお	道北	天塩郡天塩町新開通4-7227-2	0163-29-2155	09:00～19:00（5月～10月）、09:00～17:00（11月～4月）	皆有		有露營場、海浜公園
ピンネシリ	道北	枝幸郡中頓別町字敏音知72-7	0163-47-8510	09:00～17:00	皆有	✓	淘金體驗、露營場、小木屋、旁有溫泉
マリーンアイランド岡島	道北	枝幸郡枝幸町岡島1978-13	0163-62-2860	09:00～16:30(4月下旬～6月、10月)、09:00～17:00(7月～9月)、10:00～16:00(11月～4月下旬)	皆有		建築外觀是一艘船的造型
さるふつ公園	道北	宗谷郡猿払村浜鬼志別214-7	0163-52-2311	09:00～17:30，各項設施不同。	皆有		農業資料館、扇貝料理
わっかない	道北	稚内市開運	0162-29-0277	休憩區05:00～24:00、觀光案内所10:00～18:00	皆有		最北休息站、鄰近防波堤、副港市場
しらぬか恋問	道東	白糠郡白糠町40-3	0154-75-3317	09:00～19:00(5月～8月)、09:00～18:30(9月～4月)	皆有		充滿愛與回憶的相關商品
阿寒丹頂の里	道東	釧路市阿寒町上阿寒23線36-1	0154-66-2969	09:00～18:00（5月～9月）、09:00～17:00（10月～4月）	皆有		旁邊有溫泉、露營場
摩周溫泉	道東	川上郡弟子屈町湯之島3-5-5	0154-82-2500	08:00～18:00(5月～10月)、09:00～17:00(11月～4月)	皆有	✓	
厚岸グルメパーク	道東	厚岸郡厚岸町住之江2-2	0153-52-4139	09:00～21:00(4月～10月)、10:00～19:00(11月～12月)、10:00～18:00(1月～3月)	皆有	✓	二樓魚市場可燒烤海鮮、牡蠣冰淇淋
スワン44ねむろ	道東	根室市酪陽1	0153-25-3055	09:00～18:00(7月～9月)、09:00～16:00(11月～3月)、09:00～17:00(4月～6月、10月)	皆有	✓	風蓮湖觀景台、賞鳥區
おだいとう	道東	野付郡別海町尾岱沼5-27	0153-86-2449	09:00～17:00（5月～10月）、09:00～16:00（11月～4月）	皆有		北方展望塔、「四島への道叫び」雕像
知床・らうす	道東	目梨郡羅臼町本町361-1	0153-87-5151	9:00～17:00（4月～10月）、10:00～16:00（11月～3月）	皆有		海洋深層水冰淇淋、魚市場
あいおい	道東	網走郡津別町字相生	0152-75-9101	09:00～18:00（5月～10月）、09:00～17:00（11月～4月）	皆有		鐵道公園
ぐるっとパノラマ美幌峠	道東	走郡美幌町字古梅	0152-75-0700	09:00～18:00（4月下旬～10月）、09:00～17:00（11月～4月下旬）	皆有		電視劇《你的名字是》拍攝用的馬車展示
しゃり	道東	斜里郡斜里町本町37	0152-26-8888	09:00～19:00	皆有	✓	每年七月會展示祭典使用的山車

休息站名稱	地區	地址	電話	開館時間	餐廳&商店	Wi-Fi	特色
うとろ・シリエトク	道東	斜里郡斜里町ウトロ西 186-8	0152-22-5000	08:30 ～ 18:30（5 月～10 月）、09:00 ～ 17:00（11 月～ 4 月）	皆有	✓	知床自然景觀介紹
はなやか（葉菜野花）小清水	道東	斜里郡小清水町字浜小清水 474-7	0152-67-7752	09:00 ～ 19:00	皆有		展望台
パパスランドさっつる	道東	斜里郡清里町字神威 1071	0152-26-2288	09:00 ～ 21:00、溫泉　10:00 ～ 21:00	皆有	✓	溫泉、免費足浴、18 洞高爾夫球場
メルヘンの丘めまんべつ	道東	網走郡大空町女満別昭和 96-1	0152-75-6160	09:00 ～ 18:00	皆有		大空町農產品
流氷街道網走	道東	網走市南 3 条東 4	0152-67-5007	09:00 ～ 18:30	皆有		網走監獄黑啤酒
おんねゆ温泉	道東	北見市留辺蘂町松山 1-4	0157-45-3373	08:30 ～ 17:00（4 月～10 月）、09:00 ～ 16:30（11 月～ 3 月）	皆有		擁有世界最大的鴿子報時塔的休息站、木造的遊樂場
しらたき	道東	紋別郡遠軽町奥白滝	0158-48-2175	物産館 09:00 ～ 18:00	皆有		附近有露營場
まるせっぷ	道東	紋別郡遠軽町丸瀬布元町 42-2	0158-47-2010	木藝館 09:00 ～ 17:00、商店 08:30 ～	皆有		木藝館自動演奏鋼琴
サロマ湖	道東	常呂郡佐呂間町字浪速 121-3	0158-75-2828	9:00 ～ 18:00(4 月中旬～10 月中旬)、9:00 ～ 17:00(11 ～ 4 月中)	皆有		観光農園（5 月～ 11 月）
愛ランド湧別	道東	紋別郡湧別町志撫子 6-2	0158-68-2455	09:30 ～ 17:00	皆有	✓	設有 18 種遊樂設施的遊樂園
かみゆうべつ温泉チューリップの湯	道東	紋別郡滝上町旭町	0158-29-3300	09:00 ～ 17:30	皆有		外觀像童話故事城堡的建築
オホーツク紋別	道東	紋別市元紋別 11	0158-23-5400	09:00 ～ 17:00	皆有		流冰水族館、嚴寒體驗室
おこっぺ	道東	紋別郡興部町幸町	0158-82-2385	09:00 ～ 18:00（5 月～10 月）、09:00 ～ 17:00（11 月～ 4 月）	皆有		列車改裝的簡單過夜房間
にしおこっぺ花夢	道東	紋別郡西興部村字上興部 37	0158-87-2333	09:00 ～ 17:00	無餐廳有輕食有商店		占地廣大的花園、溫泉
おうむ	道東	紋別郡雄武町字雄武 1885-14	0158-84-2403	08:00 ～ 21:00（5 月～10 月）、08:00 ～ 20:00（11 月～ 4 月）	無餐廳有輕食有商店		展望台

營地名稱	區域	地址	電話	開放時間
函館汽車露營	道南	北海道函館市白石町 208	0120-546145	4 月 22 日～10 月 31 日
函館市戸井ウォーターパークオートキャンプ場	道南	北海道函館市原木町２８１	0138-82-2000	4 月 21 日～10 月 31 日
鶉（うずら）ダムオートキャンプ場ハチャムの森	道南	北海道桧山郡厚沢部町字木間内 60-1 鶉ダム公園	0139-65-6886	4 月 28 日～9 月 28 日
オートリゾート八雲	道南	北海道二海郡八雲町浜松	0120-41-5992	4 月 15 日～11 月 4 日
朝里川温泉オートキャンプ場	道央	北海道小樽市朝竹川温泉 2-686	0134-52-1185	5 月 1 日～10 月 28 日
AKAIGAWA TOMO PLAYPARK キャンプフィールド	道央	北海道余市郡赤井川村字明治 56	0134-62-7361	7 月 1 日～11 月 5 日（氣候不良會關閉）
オートリゾート滝野	道央	北海道札幌市南区滝野２４７国営滝野すずらん公園内	0115-94-2121	4 月 20 日~10 月 31 日
道民の森一番川地区オートキャンプ場	道央	北海道石狩郡当別町字青山一番川	0133-22-3911	5 月下旬～9 月 30 日
マオイオートランド	道央	北海道夕張郡長沼町東７線北４番地	0123-88-0700	4 月 28 日～10 月 31 日
苫小牧アルテン オートキャンプ場	道央	北海道苫小牧市字樽前 421-4	0144-67-2222	整年
グリーンステイ洞爺湖	道央	北海道虻田郡洞爺湖町月浦 56	0142-75-3377	4 月 23 日～10 月 31 日
洞爺水辺の里財田（たからだ）オートキャンプ場	道央	北海道虻田郡洞爺湖町財田 6	0142-82-5777	4 月 22 日～10 月 29 日
豊浦町高岡オートキャンプ場	道央	虻田郡豊浦町字高岡海浜地	0142-83-1234	4 月下旬～10 月下旬
いわないリゾートパークマリンビュー	道央	北海道岩内郡岩内町宇野束 350-8	0135-61-2200	4 月 28 日～10 月 30 日

露營費用	提供電源	洗衣設備	衛浴／溫泉設施	網頁	備註
供電/供水系統 5000円/晚	✓	✓	✓		有提供包棟小木屋
供電營地5250円/晚（5人內，每加1人費用1050円）	✓	✓	有溫泉設備	http://toi-wp.com/	
供電／供水系統 5000円／晚	✓	✓	✓		手持煙火可
供電營地平日2000～3000円／晚，旺季3100~4200円／晚	✓	✓	有溫泉設備	http://yakumo.shopro.co.jp/	營地不可用炭火、煙火可
附電源營地3240円／晚	✓		✓		垃圾處理費108円／人、煙火、炭火可
大人：1,000円／晚、・小孩：500円／晚、露營車一台2000円／晚			附近有溫泉	http://playpark.akaigawa-tomo.com/	不可用火、垃圾自行處理
供電供水營地平日2550円／晚，假日5,150円／晚	✓	✓	✓	http://www.takinopark.com/	有木屋
營地2800円／晚			✓	https://www.dominno-mori.org/stay/details/post_6.html	
入場費：大人：1,020円、小學生510円，供電／供水系統3080円／晚	✓	✓	✓	http://naganuma-kousya.main.jp/html/maoi_aland.html	可在指定處使用炭火、煙火
供電／供水系統6,300円／晚（11~3月半價）	✓	✓	✓	http://www.dp-flex.co.jp/arten/	指定場所煙火可
供電／供水系統6000円／晚	✓	✓	✓		小型煙火可以、垃圾處理費200円／晚
入場費：大人800円、小孩：400円，供電營地3000円／晚	✓	✓	✓	http://www.town.toyako.hokkaido.jp/tourism/outdoor_camp/odc002/	手持式煙火可
供電源供水營地3000円／晚	✓		附近有溫泉	http://www.town.toyoura.hokkaido.jp/hotnews/detail/00000391.html	煙火不可、垃圾需自行處理
入場費：中学生以上1000円、小学生500円，供電源供水營地5000円／晚	✓	✓	✓		手持式煙火可

營地名稱	區域	地址	電話	開放時間
三石海浜公園オートキャンプ場	道央	北海道日高郡新ひだか町三石鳧舞 161-2	0146-34-2333	4月底～9月底
百人浜オートキャンプ場	道央	北海道幌泉郡えりも町字庶野 102－5	0146-62-4626	4月20日～10月20日（無定休日）
二風谷ファミリーランドオートキャンプ場	道央	北海道沙流郡平取町字二風谷	0145-72-2544 0145-72-3807	4月下旬～10月下旬（週日休）
ニセウ・エコランドオートキャンプ場	道央	北海道沙流郡平取町字岩知志 67-6	0145-73-3188	5月1日～10月30日
まあぶオートキャンプ場	道央	北海道深川市音江町字音江 459-1	0164-26-3000	4月29日～10月31日
芦別市健民センターオートキャンプ場	道央	北海道芦別市旭町油谷 11	0124-27-3939 (4/10~6/5) 0124-23-1759 (6/6~9/22)	6月～8月底
滝里湖オートキャンプ場	道央	北海道芦別市滝里町 288	0124-27-3939	4月24日～10月12日 (有定休日)
滝川・丸加高原オートキャンプ場	道央	北海道滝川市江部乙町 3949-14	0125-75-2181	6月下旬～9月底
日高沙流川オートキャンプ場	道央	北海道沙流郡日高町字富岡	0145-76-2922	4月22日～10月9日
上富良野町日の出公園オートキャンプ場	道北	北海道空知郡上富良野町東 2 線北 27	0167-39-4200	4月25日～10月25日
きのこの里愛別オートキャンプ場	道北	北海道上川郡愛別町字愛山	0165-87-2800 0165-86-5610	7月8日～9月24日
ふうれん望湖台自然公園オートキャンプ場	道北	北海道名寄市風連町字池の上	0165-53-2755	4月下旬～10月中旬

露營費用	提供電源	洗衣設備	衛浴／溫泉設施	網頁	備註
供電源供水營地 5240円/晚	✓	✓	✓		手持式煙火可
3,140円/晚	✓	✓	✓	http://www.auto-net.or.jp/guide/detail/doou_hyakunin.html	垃圾免費處理
供電源供水營地 4000円～4500円／晚	✓		附近有溫泉		不可使用炭火、煙火
小木屋 35000円／晚 無電營地 2000円／晚			✓		
入場費：中學生以上 1000円、小學生 500円，供電源供水營地 4000円／晚	✓	✓	✓		指定處可放煙火
供電源供水營地 6260円／晚。（淡季半價）	✓	✓	✓		指定處可放煙火
附電源、供水系統、污水排水口、帶水槽露營地）6260円／晚（淡季半價），沒有污水排水口營地 5720円，淡季半價	✓	✓	✓		指定處可放煙火
入場費：高校生以上 300円／日、小中學生 150円／日，附電源、供水系統、污水排水口營地）6,170円(平日 3,000円)	✓	✓	✓		不可放煙火
入場費每人 100円／晚，供電營地 2500円／晚。		✓	附近有溫泉	http://www.town.hidaka.hokkaido.jp/site/camp/camp-field.html	指定處可放煙火
入場費：國中以上 500円／晚，附電源、供水系統、污水排水口營地）4000円／晚	✓	✓	✓	http://kamifurano-hokkaido.com/?page_id=8	手持式煙火可
供電營地：3000円／晚，供電、水源、污水口：4000円／晚。	✓	✓	✓	http://www.town.aibetsu.hokkaido.jp/sightseeing/alot.html	手持式煙火可
供電營地 2160円／晚					手持式煙火可

營地名稱	區域	地址	電話	開放時間
サンピラーパーク森の休暇村オートキャンプ場	道北	名寄市字日進（道立Sunpillar公園内）	0165-43-9555	4月29日～10月31日
道立宗谷ふれあい公園オートキャンプ場	道北	北海道稚内市字声問5-40-1	0162-27-2177	4月29日～9月30日
プライベートヒル。時遊が丘	道北	北海道上川郡美瑛町瑠辺蘂栄進1981-1	0908-898-5040	六月至九月中旬開放（有臨時休息日）
アサヒの丘キャンプ場	道北	北海道上川郡東川町東9北3	0808-297-9393	全年營業無定休
てんとらんどオートキャンプ場	鄂霍茨克區	北海道網走市字八坂1	0152-45-2277	4月29日～10月17日
丸瀬布いこいの森オートキャンプ場	鄂霍茨克區	北海道紋別郡遠軽町丸瀬布上武利	0158-47-2213	4月29日～10月22日
スノーピーク十勝ポロシリキャンプフィールド	十勝地區	北海道帶廣市高町2-2-7	0155-60-2000	全年開放（因颱風/積雪等天氣會關閉）
虹別オートキャンプ場	釧路/根室・弟子屈町區域	北海道川上郡標茶町虹別690－32	015-488-2550	5月1日～10月31日
山花公園オートキャンプ場	釧路/根室・弟子屈町區域	北海道釧路市阿寒町下仁々志別11－37	0154-56-3020	6月1日～10月20日

露營費用	提供電源	洗衣設備	衛浴/溫泉設施	網頁	備註
供電可BBQ營地 3240円/晚	✓	✓	✓	http://www.morino-kyukamura.jp/sisetsu2-1.html	手持式煙火可
入場費大人：1000円、小孩500円/晚，供電營地 2000~3500円/晚	✓	✓	✓	http://soyafureaikoen.com/autocamp	會發出聲音的煙火不可
5000円/晚 （5人價格，多1人多1000円，最多10人。）			✓	http://greens.st.wakwak.ne.jp/904613/menu3.html	一天限定一組、煙火、炭火可、垃圾需自行處理，廚餘有指定丟棄桶
入場費：大人600円、小孩400円、汽車營地2500円/晚			營地無 但附近有溫泉		可用火 但煙火不可
入場費依使用設施及淡旺季不同之分，供電、供水及污水處理口營地3700円/晚，供電供水無污水處理口：2500円/晚	✓	✓	✓	http://www.tentland.or.jp/	指定處可施放煙火
入場費：高中以上500円、中小學生300円/晚。供電營地：2500円/晚	✓	✓	✓		煙火不可
含電源3000円/晚、不含電源1800円/晚	✓	✓	✓	https://sbs.snowpeak.co.jp/tokachiporoshiri/	由露營用品雪峰所經營、煙火可
無入場費，供電、水源、污水口：4320円/晚	✓	✓	✓	http://www.sip.or.jp/~nijibetu/	垃圾處理需付費、手持煙火可以
入場費：中学生以上７５０円、小学生３７０円，供電、供水及排放污水口營地3730円/晚	✓	✓	✓	http://www.city.kushiro.lg.jp/kurashi/kouen/k_ichiran/yamahana/0002.html	手持煙火可